D1666057

Franz Liszts
Klavierunterricht 1884 — 1886

Studien zur Musikgeschichte des 19. Jahrhunderts
Band 39

Forschungsunternehmen der Fritz Thyssen Stiftung
Arbeitskreis Musikwissenschaft

*August Göllerich*

Franz Liszts
Klavierunterricht
von 1884-1886

dargestellt an den Tagebuchaufzeichnungen
von August Göllerich

von Wilhelm Jerger

Gustav Bosse Verlag Regensburg 1975

# Inhalt

# 1. Vorwort

Vor einigen Jahren wurde dem Bruckner-Konservatorium des Landes Oberösterreich in Linz aus Privatbesitz von Hugo Rabitsch der Nachlaß von August G ö l l e r i c h als Depositum überlassen und vom Leiter der Konservatoriumsbibliothek, Erich Posch, katalogisiert, jedoch nicht mit endgültiger Registratur versehen.

In diesem umfangreichen Nachlaß von Göllerich, der von 1884—1886 Schüler und Sekretär Franz Liszts war, befinden sich u. a. 14 Tagebücher; sechs von ihnen enthalten Aufzeichnungen über den Klavierunterricht bei Franz Liszt in Weimar, Rom und Budapest. Sie überliefern uns die letzten Berichte über Franz Liszt als Klavierlehrer und haben bis heute ihre Unmittelbarkeit und die Spontaneität der sofortigen Niederschrift behalten.

Dem Enkel Göllerichs, Herrn Prof. Hugo Rabitsch, der mir diese Tagebücher, unbekannte Manuskripte und Bilder zur Erstveröffentlichung überließ, sei hier aufrichtig gedankt. Er hat mit seiner erteilten Erlaubnis der Liszt-Forschung einen wesentlichen und wichtigen Dienst erwiesen. Ferner darf ich Herrn Dr. Franz Grasberger, Direktor der Musiksammlung der Österreichischen Nationalbibliothek, für seine Hilfestellung herzlich danken. Mein besonderer Dank gilt Herrn Univ.-Prof. Dr. Dr. h. c. Karl Gustav Fellerer, der mir wertvolle Anregungen gab und der Arbeit maßgebliche und entscheidende Förderung zuteil werden ließ.

Die Übertragung der teilweise schwierig zu entziffernden Tagebücher besorgte Veit W. Jerger. Er war ferner nennenswert an der Korrektur des Manuskripts beteiligt. Dafür sowie für wichtige Hinweise bin ich ihm familiär verbunden.

Linz/Oberösterreich                                                     *Wilhelm Jerger*
Dezember 1973

## 2. Literatur

Göllerich, August: Musiker-Biographien. 8. Band: Liszt: Zweiter Teil von August Göllerich. Leipzig [1888].

Göllerich, August: Franz Liszt. Sonderausgabe der von Richard Strauss herausgegebenen Sammlung „Die Musik". Berlin 1908.

Göllerich, Gisela: In memorian August Göllerich, hrsg. von Gisela Göllerich, Linz 1928.
Mit Beiträgen von Hans v. Wolzogen, Max Auer, Karl Grunsky, Wilhelm Kienzl, Edward Samhaber, Josef Reiter, Max Morold, Anton Riegl, Cornelius Preiß, Siegfried Ochs, Cornel Lichtenberg.

Gottschalg, Alexander Wilhelm: Franz Liszt in Weimar und seine letzten Lebensjahre / Erinnerungen und Tagebuchnotizen von A. W. Gottschalg / Großherzogl. Sächs. Hoforganist, nebst Briefen des Meisters. Hrsg. von Carl Alfred René. Berlin 1910.

Hansen, Bernhard: Variationen und Varianten in den musikalischen Werken Franz Liszts. Diss. phil. Hamburg 1959.

Jerger, Wilhelm: August Göllerichs Wirken für Franz Liszt in Linz. In: Burgenländische Heimatblätter, 23. Jg., Heft 4, S. 233—236. Eisenstadt 1961.

Jerger, Wilhelm: Vom Musikverein zum Bruckner-Konservatorium, 1823—1963. Linz 1963.

Jerger, Wilhelm: August Göllerich, Schüler und Interpret von Franz Liszt. In: Oberösterreichische Heimatblätter 26. Jg. 1972, Heft 1/2. Linz 1972.

Klampfer, Josef: Liszt-Gedenkstätten im Burgenland. In: Burgenländische Forschungen, hrsg. vom Burgenländischen Landesarchiv. Festgabe anläßlich der 150. Wiederkehr des Geburtstages von Franz Liszt. Heft 43. Eisenstadt 1961.

Lachmund, Carl von: Mein Leben mit Franz Liszt. Aus dem Tagebuch eines Liszt-Schülers. Eschwege 1970.

László, Zsigmund / Matéka, Béla: Franz Liszt. Sein Leben in Bildern. Gesammelt und erläutert von Zsigmund László und Béla Matéka. Kassel 1967.

Musikverein in Linz: Jahresbericht 1914—1918.

[Pászthory-Erdmann, Palma]: August Göllerich. Lebensbild eines tatkräftigen Idealisten. Linz 1927.

Prahács, Margit: Franz Liszt / Briefe aus ungarischen Sammlungen 1835—1886. Gesammelt und erläutert von Margit Prahács. Kassel 1966.

Raabe, Peter: Liszts Leben. Zweite ergänzte Auflage. Tutzing 1968.

Rechenschaftsbericht des Musikvereins in Linz 1879—1913.

Resch, Anton: Franz Liszt in Retz. In: Volks-Post (Wochenblatt der Bezirke Gänserndorf, Hollabrunn, Mistelbach und Korneuburg). 16. Jg. Nr. 50, 16. 12. 1961.

Szabolcsi, Bence: Franz Liszt an seinem Lebensabend. Budapest 1959.

Schaller, Erwin: August Göllerich / Ein ehemaliger Schüler unserer Anstalt. Zum Gedenken anläßlich der hundertsten Wiederkehr seines Geburtstages. In: Jahresbericht der Bundesrealschule Linz, Schuljahr 1958/59. Linz [o. J.] S. 5—8.

Schenk, Erich: Das Geburtshaus Franz Liszts zu Raiding im Burgenland [o. J.] (Führer durch das Geburtshaus 1951).

Stradal, August: Erinnerungen an Franz Liszt. Bern 1929.

Weilguny, Hedwig: / Handrick, Willy: Franz Liszt / Biographie in Bildern. Weimar 1958.

Weitzmann, Carl Friedrich: Geschichte des Clavierspiels und der Clavierliteratur. Zweite vollständig umgearbeitete und vermehrte Auflage. Berlin 1879.

# 3. Abkürzungen

Göllerich I     =   Göllerich, August: Musiker-Biographien. 8. Band: Liszt: Zweiter Teil von August Göllerich. Leipzig [1888].

Göllerich II    =   Göllerich, August: Franz Liszt. Sonderausgabe der von
Richard Strauss herausgegebenen Sammlung „Die Musik".
Berlin 1908.

Göllerich III   =   Göllerich, Gisela: In memoriam August Göllerich, hrsg. von
Gisela Göllerich. Linz 1928.

Raabe          =   Raabe, Peter: Liszts Leben. Zweite ergänzte Auflage. Tutzing
1968.

R              =   Raabe, Felix: Verzeichnis aller Werke nach Gruppen geordnet. In: Peter Raabe, Franz Liszt. Zweites Buch. Zweite ergänzte Auflage. Tutzing 1968. (S. 241—364).

# 4. Zeittafel

1859  2. Juli
     August Göllerich geboren in Linz als Sohn von August Göllerich — 1860
     Stadtsekretär in Wels und nachmalig Landtags- und Reichsratabge-
     ordneter — und seiner Ehefrau Marie, geb. Nowotny.

1870-  Besuch der Realschule in Linz. Klavierunterricht durch August Wick.
1877

1873  Erstes Auftreten in einem Wohltätigkeitskonzert in Wels.

1877  Göllerich inskribiert an der Technischen Hochschule in Wien.
     28. Oktober
     Durch seinen Vater lernt er im Ringstraßenrestaurant Gause in Wien
     Anton Bruckner kennen.

1882  Göllerich in Bayreuth bei der 3. Aufführung des „Parsifal". Er sieht
     dort zum erstenmal Franz Liszt. Durch Julius Hey wird er Richard
     Wagner vorgestellt.

1883  23. August,
     Tod des Vaters. Göllerich wendet sich endgültig der Musik zu. Mit-
     arbeit am Richard-Wagner-Museum Nikolaus Oesterleins.

1884  April
     Göllerich lernt über Vermittlung der Lisztschülerin Toni Raab Franz
     Liszt im „Schottenhof" in Wien kennen. Liszt lädt Göllerich nach Wei-
     mar ein, um sein Schüler zu werden.
     31. Mai
     Er erlebt die erste Unterrichtsstunde bei Liszt.
     1. Juni
     Göllerich spielt im Salon der Schwestern Anna und Helene Stahr in
     Weimar zum erstenmal Liszt vor.
     19. Oktober
     Erste Vorlesung bei Anton Bruckner an der Universität Wien.

1885  Spätsommer
     Göllerich schreibt an seine Mutter, er werde Liszt nach jenen Städten
     begleiten, in denen dieser seine Lehrtätigkeit ausübt und nicht in seine
     Heimat zurückkehren.
     November
     Mit Liszt in Rom.

1886  Februar
     Mit Liszt in Pest, dann in Weimar.
     31. Juli
     Liszt stirbt in Bayreuth. Göllerich mit Cosima Wagner der einzige An-
     wesende beim Hinscheiden Liszts.

1886/ Göllerich und Stradal spielen sämtliche Sinfonischen Dichtungen von
1887 Franz Liszt auf 2 Klavieren in Wien.

1887 7. September
Göllerich tritt mit dem russischen Gutsbesitzer und Mäzen Pavel Soro-
koumovsky eine Reise nach Moskau an und besucht auch andere russische
Städte. Er stellt den ersten Katalog der Kompositionen Liszts zusammen und schreibt für den Verlag Philipp Reclam jun. den 2. Teil einer
von Ludwig Nohl herausgegebenen Liszt-Biographie, die 1888 erscheint.

1888 Göllerich kehrt nach Wien zurück und stößt endgültig zum Freundes-
kreis Anton Bruckners. Vorübergehende Tätigkeit als Musikreferent des
„Deutschen Volksblatts" in Wien.

1890 September
Übernahme der Direktion der Ramann-Volkmannschen Musikschule
in Nürnberg. Die Errichtung von Filialen in Ansbach, Fürth und Er-
langen folgt.

1891 Göllerich übernimmt die Leitung des Richard Wagner-Vereins in Nürnberg.
11. Mai
Bruckner an Göllerich: „Daß Du mein berufener, autorisirter Biograf
bist, versteht sich ja von selbst." Bruckner hat Göllerich bereits 1884
autorisiert.

1893 7. Oktober
Göllerich ehelicht die Lisztschülerin Gisela v. Pásztory (geb. Voigt von
Leitersberg).

1896 1. Oktober
Göllerich wird Musik- und Schuldirektor des Musikvereins und der
Musikvereinsschule in Linz. Zugleich übernimmt er die Leitung des Män-
nergesangvereins „Sängerbund" (bis 1900).
Beginn einer ausgedehnten Liszt-Brucknerpflege.

1900 Göllerich tritt an die Spitze des Sängerbundes „Frohsinn", den einst-
mals Bruckner leitete.
Ausbau der Musikvereinsschule.

1901 13. Dezember
Göllerich leitet in Wien die 1. vollständige Aufführung der VI. Symphonie von Anton Bruckner.

1903 A. Göllerich: Beethoven in der von Richard Strauss hrsg. Sammlung
„Die Musik" erscheint.

1907 Göllerich unternimmt mit dem Wiener „Schubertbund" eine Nordland-
reise.

1908 Anläßlich des 60jährigen Regierungsjubiläums Kaiser Franz Josefs I.
schenkt der Industrielle Karl Franck dem Musikverein das Patrizierhaus
Waltherstraße 24 in Linz, in dem die Musikvereinsschule, in „Kaiser
Franz-Josef Jubiläums-Musikschule" umbenannt, untergebracht wird.

A. Göllerich: Franz Liszt. Erinnerungen. Sonderausgabe der von Richard Strauss hrsg. Sammlung „Die Musik" erscheint in Berlin.

1910   Göllerich mit dem Wiener Akademischen Gesangverein in Amerika.

1912   12. Februar
Festrede Göllerichs anläßlich der Enthüllung einer Gedenktafel für Anton Bruckner in den Arkaden der Universität Wien. Göllerich regt erstmals die Gründung einer Bruckner-Gesellschaft in Österreich und eine Gesamtausgabe der Werke Bruckners in Originalpartituren an.

1921   25jähriges Jubiläum Göllerichs als Musik- und Schuldirektor in Linz.
20. März
Letztes Konzert des Musikvereins unter Göllerich.
18. Dezember
Bruckner-Feier zum 25. Todesjahr. Göllerich dirigiert Ouvertüre G-moll, Sinfonie Nr. 4, Te Deum.

1922   7. März
Konzert des Sängerbundes „Frohsinn", G. F. Händels „Messias" in der Bearbeitung von Josef Reiter.
Die letzten der von Göllerich geleiteten Konzerte.

1923   19. Februar
2. Unfall.
16. März, 7.30 Uhr
Göllerich stirbt in Linz.
Der 1. Band der Brucknerbiographie von A. Göllerich erscheint = August Göllerich: Anton Bruckner. Ein Lebens- und Schaffensbild. IV Bände. II ff. Nach dem Tod ergänzt und hrsg. v. Max Auer.
G. Bosse, Regensburg 1923—37 (Deutsche Musikbücherei 36—39).
Reprint G. Bosse, Regensburg 1974.

# 5. Einführung in die Tagebücher

August Göllerich war sich vom ersten Moment der Begegnung mit Franz Liszt und durch die ehrenvolle Berufung nach Weimar als Schüler und Sekretär des Meisters bewußt, welch außerordentlicher Persönlichkeit er gegenüberstand. Sicher war es das, was ihn dazu veranlaßte, Gedanken, Aussprüche und Unterrichtsmethode Liszts schriftlich festzuhalten. Göllerich dürfte die in Tagebuchform angelegten Notizen mit der Absicht einer späteren vielleicht teilweisen Veröffentlichung verfaßt haben. Die systematische Anlage der Tagebücher zeigt, daß es sich nicht um gelegentlich hingeworfene Bemerkungen, Sammlung von Aussprüchen und flüchtiges Notieren von Eindrücken handelt [1]. Tatsächlich erschien zwei Jahre nach dem Tode Liszts im Verlag Philipp Reclam jun., Leipzig, der 2. Teil der von Ludwig Nohl begonnenen Liszt-Biographie, die August Göllerich verfaßte (1888). Manches aus den uns vorliegenden Niederschriften wurde bereits darin eingearbeitet; umfangreicher und ausführlicher in Göllerichs „Franz Liszt. Erinnerungen" (1908).

Unter den bis jetzt nachweisbaren 14 Tagebüchern befinden sich sechs, die sich mit Liszts Unterrichtstätigkeit befassen und sechs Zeitabschnitte von Liszt in Weimar, Rom und Budapest 1884—1886 erteilten Klavierunterricht wiedergeben. Die Tagebücher sind teils mit Tinte, teils mit Bleistift geschrieben. Mehr als die Hälfte weisen Reinschrift auf, d. h., sie dürften von Göllerich nach den während des Unterrichts spontan erfolgten Eintragungen in Notizbücher, später in ein reines Schriftbild gebracht worden sein [2].

Göllerich legte die uns überlieferten, verschiedenformatigen Tagebücher in folgender Reihung [3] an:

| Zahl der Tagebücher | Ort | Zeitabschnitte | Signatur |
|---|---|---|---|
| 1. | Weimar | 31. Mai—6. Juli 1884 16. Juni—27. Juni 1885 | IV/4 [4] |
| 2. | Weimar | 28. Juni—9. September 1885 | ohne Sign. [5] |
| 3. | Rom | 11. November 1885— 12. Jänner 1886 | IV/1 [6] |

[1] Bereits am 2. Juni 1884 schrieb er aus Weimar an seine Schwester: „Ich führe über alle Aussprüche Liszts genau Tagebuch." (A. Göllerich: Briefe an Mutter und Schwester. Privatbesitz Frau Franziska Göllerich, Hildesheim).

[2] Erstschriften sind bisher nicht zum Vorschein gekommen.

[3] Die Signaturen der Tagebücher sind vorläufige.

[4] 14,5 x 9 cm, schwarzer Umschlag, nicht paginiert, mit Tinte beschrieben (Reinschrift).

[5] 21 x 16,5 cm, schwarzer Umschlag, nicht paginiert, mit Tinte beschrieben (Reinschrift).

[6] 9,5 x 8,5 cm, Umschlag mit stilisiertem Ornament, nicht paginiert, mit Tinte und Bleistift beschrieben (Reinschrift).

| | | | |
|---|---|---|---|
| | Pest | 18. Februar—<br>25. Februar 1886 | IV/1 |
| 4. | Pest | Vor dem 2. März—<br>6. März 1886 | IV/2 [7] |
| 5. | Weimar | 17. Mai—21. Mai 1886<br>Aufzeichnung nach der Rückkunft<br>Liszts von seiner letzten Reise. | IV/6 [8] |
| | Weimar | 21.—31. Mai 1886<br>(Aufzeichnungen und<br>Stunden) | in IV/2 |
| 6. | Weimar | 15. Juni—26. Juni 1886 | IV/5 [9] |

Die Tagebücher gewähren einen umfassenden Einblick in die Lisztsche Unterrichtsmethode. Sie enthalten interessante Hinweise zur Interpretation und zu Fragen des Klavierspiels. Insbesondere sind die Unterweisungen von Liszt, der selbst oft vorspielte, seine Bemerkungen zu Werken von Beethoven, Schumann, Chopin und selbstverständlich zu den eigenen Kompositionen aufschlußreich. Göllerich, fasziniert von der Persönlichkeit Liszts [10], von dessen bilderreicher Sprache, dem Gestus seiner lebhaften und beschwörenden Rede, vor allem aber von der genialen klavieristischen Interpretationskunst, durfte mit Einwilligung des Meisters seine erlebnishaften Eindrücke sofort niederschreiben, wodurch sie gleichsam autorisiert wurden [11]. Man bemerkt zuweilen, mit welch fieberhafter Eile Eintragungen hingeworfen wurden, was aus den nicht in Reinschrift abgefaßten, zum Teil an Unleserlichkeit grenzenden Tagebüchern ersichtlich ist.

Die unermüdliche Tätigkeit Franz Liszts — Göllerichs Tagebücher sind ein sprechendes Zeugnis — muß unser Staunen erregen, zumal man gegenteilige Berichte kennt. Es überrascht die Sorgfalt, die aufopfernde und leidenschaftliche Hingabe, mit der Liszt die Unterrichtsstunden durchführt und bewältigt. Zweifellos „galt die Sorge seines Lebensabends der Erziehung einer neuen Schülergeneration" (Erich Schenk). B. Szabolcsi erfaßt historisch richtig, „daß eine Schar vortrefflicher Jünger Liszt umschwärmte und nachzog, wie der Schweif dem Kometen. Es gab eine Reihe von nennenswerten, ja großartigen Talenten: Sauer und d'Albert, Siloti und Lamond, Rosenthal und Göllerich, Friedheim und Stradal, Ansorge und Stavenhagen, Sophie Menter [und Toni Raab] . . . — lauter Hoffnungen, ja sogar schon mehr als Hoffnungen des Konzertlebens und

---

[7] 11,5 x 8 cm, harter Umschlag, Innenseite mit rotem Samt, Laschen für Bleistift, nicht paginiert, mit Bleistift beschrieben.

[8] 18,5 x 12,5 cm, harter, stilisierter Umschlag mit Schließe (gebrochen), nicht paginiert, mit Bleistift beschrieben.

[9] 15,5 x 8,5 cm, „Gemeinnütziger Rathgeber für Haus und Geschäft", schwarz gebunden, mit schadhaften Überklebungen. Notizen mit Bleistift geschrieben.

[10] Am 24. Juni 1884 schreibt Göllerich in einem Brief an Mutter und Schwester: „Ich bin hier schon ein anderer Menschen geworden." (A. Göllerich: Briefe an Mutter und Schwester. Privatbesitz Frau Franziska Göllerich, Hildesheim).

[11] Vgl. Göllerich I, 27.

der Musikpädagogik des Jahrhundertendes." [12] All diese Namen finden wir in den Aufzeichnungen von Göllerich.

Der Schülerkreis der letzten Unterrichtsjahre Liszts etablierte sich nicht nur im Konzertwesen des auslaufenden Jahrhunderts und darüber hinaus. Diese allerletzten Schüler — eine hochmusikalische pianistische Elite — sind fast durchwegs konzertierende Virtuosen und Lehrer von Rang: Sophie Menter in Petersburg; Emil v. Sauer, Moritz Rosenthal und Toni Raab in Wien: Frederik Lamond in den Haag und Glasgow; Jules v. Zarembski in Brüssel; Bernhard Stavenhagen; Conrad Ansorge in Berlin und Prag; August Stradal in Wien und später in Schönlinde (Böhmen); Arthur Friedheim in München und an der Canadian Academy of Music; William H. Dayas Nachfolger Busonis in Helsinki und Hallés in Manchester; August Göllerich in Wien und Linz. Schon Lina Ramann [13], die früh mit Liszt in Verbindung kam, eröffnete 1858 in Glückstadt (Schleswig) eine Musikschule, die sie wenige Jahre später (1864) nach Nürnberg verlegte und gemeinsam mit Ida Volkmann [14] leitete. Es wurde nach Lisztschen Lehrprinzipien unterrichtet, die Erfahrungen und der Umgang mit Liszt im „Grundriß der Technik des Klavierspiels" (Leipzig 1885) niedergelegt. Überhaupt hatte Liszt regen Anteil an der Arbeit Lina Ramanns genommen [15] und nicht mit Anerkennung gegeizt, zumal er sah, daß eine „einheitliche Gestaltung" des Fingersatzes zur Maxime erhoben wurde.

Deutlich verdichtet sich das Bild Franz Liszts, der uns in Göllerichs distanziert-intimen Aufzeichnungen als Mensch und Musikerpersönlichkeit — auch in seinen Schwächen — von singulärer Größe entgegentritt. So werden soziale und psychologische Fragen in nicht geringem Maß in engeren Zusammenhang gerückt. Etliches aus diesen Niederschriften findet sich da und dort bei Göllerich (Göllerich II) und auch anderswo ähnlich wiedergegeben; wenig genau und unzuverlässig bei Lachmund; brauchbarer und wissenswerter in Aufzeichnungen anderer Schüler.

Was den unbestreitbaren Wert dieser Tagebücher für die Forschung ausmachen wird, ist nicht nur das Festhalten von Ort, Tag und Stunde des jeweiligen Unterrichtsprogramms, sondern vor allem die unmittelbare Anschaulichkeit und sachlich-nüchterne Aussagekraft, die sich von anderen, sich emphatisch äußernden Jüngern Liszts wohltuend unterscheidet.

Im klavierpädagogischen Bereich werden sich die Aufzeichnungen sicherlich auswirken, denn je mehr Wissenschaft und Praxis bemüht sind, das Werk Liszts zu durchleuchten, um so ergiebiger erweisen sich diese Quellen.

Es ist mehrfach bezeugt, daß viele Schüler ihrem Meister nachlebten und in seinem Geist wirkten. Einige haben ihre Erinnerungen an Franz Liszt schriftlich niedergelegt, so u. a. Stradal, Gottschalg, Lamond, Lachmund; andere haben sich — berufen dazu — an der Herausgabe von Lisztschen Klavierwerken be-

---

12 Szabolcsi, S. 37.
13 (1833—1912) Schülerin und Biographin Liszts.
14 Ida Volkmann (1838—?) studierte am Leipziger Konservatorium und bei Franz Liszt.
15 Göllerich berichtet übrigens (II, 145) nach einem Besuch Lina Ramanns am 30. Mai 1886 bei Liszt in Weimar, daß dieser sie „sonst alljährlich in ihrer Nürnberger Schule am Dürerplatz aufzusuchen pflegte".

teilig. Schließlich stammen aus der Schule Franz Liszts Dirigenten, denen wir gültige Interpretationen seiner Orchesterwerke verdanken, z. B. Felix v. Weingartner, ein Dirigent, der Weltruf erlangte.

Den Tagebüchern entnehmen wir eine Fülle von Hinweisen, die Liszt seinen Schülern mit auf den Weg gab. Der Weimarer Kreis genoß eine Meisterlehre und war — abgesehen von den bereits Genannten — erstaunlich international besetzt. Kaum in Weimar angelangt, schreibt Göllerich an Mutter und Schwester (8. Juni 1884):

> „Hier wird jeder Tag zu kurz. Abends bin ich meist in der Liszt-Schule-Gesellschaft. Von Wien sind der Rosenthal, Friedheim — (1 aus Pest), von Amerika (New York) 3 Pianisten, 2 aus Paris, 1 aus Boston, 1 aus Californien, 1 Rumäne, 3 Russen und 2 Engländer [hier]. Ganz Thurmbau zu Babel."

Die Belehrungen, die Liszt seinen Schülern erteilte, sind aufschlußreich. Mehrfach begegnen wir z. B. seinem Vorschlag, den 4. Finger auf den Obertasten zu benützen. Liszt wurde einmal gefragt, ob man wohl auch den 3. Finger nehmen dürfe, worauf er entgegnete, er nehme ihn selbst oft, doch habe er „ja eigentlich nicht Klavierspielen gelernt." Ausführlich, zum Teil minuziös, sind die Spielanweisungen, die Liszts eigenen Werken gelten, wie dem „Großen Konzertsolo" (R 18). Auch über Chopin, von dem er viele Werke im Unterricht benutzte, sind Interpretationshinweise von Göllerich aufgezeichnet worden. Ein treffendes Beispiel hierfür bilden die Cis-moll-Nocturne op. 27, Nr. 1 und die Berceuse op. 57. Viele seiner Anweisungen sind mit sarkastischen Aussprüchen, die er liebte, durchsetzt. Zuweilen macht er sich über eigene Klavierwerke und über sein Klavierspiel lustig.

Für die Unterrichtsstunden zwischen dem 12. Juli 1885 und dem 9. September 1885 gibt Göllerich keine Kommentare, sondern verzeichnet nur die jeweiligen Unterrichtsprogramme.

Sie vermitteln Einblick in die reiche Literatur. Sie beeindrucken aber vor allem durch die Fülle der studierten Werke und geben Kenntnis von einer von Liszt im Unterricht entwickelten erstaunlichen Intensität. Sie legen ferner Zeugnis ab von seinem menschlichen und pädagogischen Wirken im Schülerkreis und überraschen durch die genialisch inspirierende Persönlichkeit. Wir gewinnen nicht den Eindruck, daß seine Lebensenergie, wie allenthalben behauptet wird, schon seit längerer Zeit im Abnehmen begriffen sei.

Sehr ausführliche Instruktionen liegen über viele Klavierwerke vor, die in den Unterrichtsstunden exerziert wurden; knapp und bildhaft solche zu L. v. Beethovens 33 Veränderungen über einen Walzer von Diabelli op. 120.

Was Liszt über Klavierwerke Beethovens bemerkt — hierüber finden wir manche Passagen —, ist lesenswert und kenntnisreich; so etwa, er habe Beethovens 5. Klavierkonzert Es-dur „einige hundertmale selbst gespielt". Die wenigen, aber nachdrücklichen Erläuterungen zu Fragen der Interpretation eigener Werke machen deren Wert für eine nachvollziehende Unterweisung deutlich und erhalten so eine ungemeine Aktualität. Sie könnten bewirken, allzu individuelle Auffassungen zu korrigieren und auf die ursprüngliche, authentische Wiedergabe hinzuweisen.

Solche Mitteilungen, die wertvolle und wissenswerte Äußerungen überliefern und solche, die bisher unbekannte Sachfragen streifen, dünken uns wichtig. So erfahren wir aus dem Munde Liszts (4. Juli 1884): „Ich habe noch einen 4. Valse oubliée gemacht."

In einem Brief an Mutter und Schwester (20. Juni 1884) teilt Göllerich mit, daß der Weimarer Konzertmeister Kömpel [16], der mit seinem Quartett öfter bei Liszt spielte, die Geige seines Lehrers Spohr besitzt.

Seinem Schüler Felix v. Weingartner sagt er leicht ironisierend (1. Juni 1884) anläßlich einer Wiedergabe der „Bergsymphonie", „es freut mich, daß Sie das Thema [Oktaventhema] verwendet haben bei den Worten, ‚Es war ein Traum — in der › Sakuntala ‹. Dieses Thema ist schon 30 Jahre alt" [17]. Ähnliches erfährt man über die Paganini-Variationen von J. Brahms: „Es freut mich, daß ich Brahms bei seinen Variationen durch meine habe dienen können; macht mir viel Vergnügen." Sein zweites Klavierkonzert B-dur, so meint er, sei „eines der allerbesten. Er selbst [Brahms] spielt es etwas schlampig — Bülow spielt es sehr schön."

Mit Aufmerksamkeit wird man Liszts Aussprüche über verschiedene Komponisten (Wagner, Weber, Chopin, Sgambati u. a.) vernehmen. Beim Studium seines III. Sonetts von Petrarca weist er darauf hin, daß Wagner einen Akkord, den er im „Tannhäuser" (Venusberg) schrieb, der Lisztschen Komposition entnahm, die Jahre vorher (1841) entstand. In einer ausgedehnten Stunde, bei welcher Wagner—Liszts „Feierlicher Marsch zum heiligen Gral" aus ‚Parsifal' gespielt wurde, sprach er von „wohlbekannten Intervallen", die er „oft und oft geschrieben habe", z. B. in der „Elisabeth". Wagner bekannte ihm dazu einmal: „Du wirst schauen, wie ich Dich bestohlen habe." An anderer Stelle wieder spricht Liszt über die Vorschläge Wagners zur Instrumentationsunterstützung „von Beethovens IX. Sinfonie", das Scherzo von Schuberts großer C-dur-Sinfonie (D 944) und bezeichnet Wagners Vorschläge als „ganz vortrefflich". Wenngleich in der Aufführungspraxis schon seit langer Zeit derartige Eingriffe vermieden werden — ein großes Verdienst der Musikwissenschaft, die nach dem Original ruft und den authentischen Text für unveränderbar hält —, ist gleichwohl Liszts Urteil vermerkenswert. Worte hohen Lobes findet er für Chopins „Préludes" (Nr. 7, 11, 19, 20, 23); die Führung der Kantilene in der linken Hand in Weberschen Sonaten bezeichnet er als neuartig. Aus solchen signifikanten Beispielen wird deutlich, was die Forschung an Details ergänzen könnte. Ein Ereignis, das in den Tagebüchern Eingang fand, verdient besondere Erwähnung, worüber Göllerich schon in den „Erinnerungen" (Göllerich II, 143) schreibt. Es ist dies der Besuch Cosimas bei ihrem Vater in Weimar, der vom 18. auf den 19. Mai 1886 — drei Monate vor Liszts Tod — stattfand.

Vielsagend ist die letzte, in Göllerichs Tagebüchern mitgeteilte Äußerung Liszts (26. Juni 1886) über Bülows Tochter Daniela, anläßlich ihrer Heirat mit dem Kunsthistoriker Henry Thode.

---

[16] August Kömpel (1831—1891), von 1863—1884 Konzertmeister in Weimar; auch Schüler von David und Joachim. Vgl. Göllerich II, 106.

[17] Weingartners erste Oper „Sakuntala", die 1884, von Liszt empfohlen, in Weimar zur Aufführung gelangte.

Göllerich und der Schülerkreis dieser letzten Jahre hing Liszt mit geradezu „heiligem" Eifer an. Ein Teil des Kreises schloß sich auch zu einem Freundesbund zusammen, der von hochaktiver Bereitschaft war und Liszt nachlebte: August und Gisela Göllerich-Pászthory, Sophie Menter, Toni Raab, August Stradal, Conrad Ansorge, Lina Schmalhausen, Alexander Siloti und die dem engsten ungarischen Schülerkreis zugehörigen Musiker J. v. Végh, Géza Zichy und István Thomán. Der kämpferische Geist, der einzelne dieser Schüler beflügelte, war mächtig, das besessene Eintreten für das Werk ihres Meisters ohnegleichen. Es ist darum auch nicht glaublich, daß ausgerechnet Göllerich je gegen ein oder das andere Werk Liszts eine abträgliche Stellungnahme bezogen haben soll, wie dies Szabolcsi [18] mitteilt.

August Stradal schildert in seinen Erinnerungen (S. 100) eine Szene, die sich in Wien abspielte.

„Der Meister erzählte, daß Sophie (so nannte er sie stets) [Sophie Menter] von den Wiener Philharmonikern einstens eingeladen worden sei, zu spielen. Sie schlug Liszts Es-dur-Konzert vor. Bei einer Probe aber erklärte der Dirigent (wenn ich nicht irre Dessoff), daß er das ‚Triangel-Konzert' für unmöglich halte und daß Frau Menter ein anderes Konzert spielen solle. Diese stand nun vom Klavier auf und erklärte vor allen Philharmonikern, daß sie überhaupt auf ihre Mitwirkung verzichte, wenn sie Liszts Konzert nicht vortragen dürfe. Infolge des energischen Auftretens der Frau Menter gab Dessoff nach. Sie hatte mit dem Konzert einen sehr großen Erfolg." [19]

Tatsächlich war es so, daß, wo immer auch Göllerich und Stradal das Werk Liszts propagierten — in Wien, Linz, Wels, Rom, hier gemeinsam mit Stavenhagen und Ansorge —, vielerlei Hindernisse aus dem Weg geräumt werden mußten. Hugo Wolf veröffentlichte anläßlich des ersten der drei Wiener Liszt-Konzerte (8. November 1886 [20]), 21. Dezember 1886 und 17. Jänner 1887) der beiden Schüler, die folgende, höchst bemerkenswerte Besprechung. Sie legt zugleich Zeugnis ab für die zeitgenössische Einstellung zu Liszt.

„Concerte

Wie weit man hier auch in der Mißachtung der Werke des großen Franz Liszt, schon vorgeschritten, wie absurd sich auch das oberste Ketzergericht gegen alles, was neu, kühn und großartig ist, gebärdet, in wie kindischer Weise auch unser ‚Elite'-Publikum in den philharmonischen und Gesellschafts-Concerten den Standpunkt unserer conservativen, heuchlerischen Kritik vertritt, wie eilig auch der brave, biedere Junge Hans zum Hänschen wird, wenn der gefällige oder knurrige — je nachdem — Großinquisitor die Brauen runzelt, und wie rasch wieder Hänschen zum Hans anschwillt, wenn der hohe Gönner, amusirt von den Pudelkunststücken eines unterthänigsten Clienten, diesem vergnügt zublinzelt —, wie schlimm es mit einem Worte auch um die Anerkennung der Werke Liszt's, gegenwärtig und seit Langem schon steht, so finden sich doch

---

[18] Vgl. Szabolcsi, S. 72. Es handelt sich hier um eine falsch zitierte Äußerung, die von Liszt und nicht von Göllerich stammt und deshalb von Göllerich in Anführungszeichen gesetzt wurde.

[19] 6. Abonnementskonzert der Wiener Philharmoniker unter Otto Dessoff am 31. Jänner 1869. Vgl. Fs. Wiener Philharmoniker 1842—1942, hrsg. von Wilhelm Jerger, Statistik von Dr. Hedwig Kraus und Karl Schreinzer. Wien 1942, S. 62.

[20] Wiener Salonblatt Nr. 46, 14. November 1886.

immer noch Leute, die, der drohenden Constellation am kritischen Horizont unerachtet, muthig auf ihren Posten eilen und unerschrocken der öffentlichen Meinung und ihren Organen den Handschuh vor die Füsse werfen. Die Herren Göllerich und Stradal haben dies gethan, als sie gelegentlich der Gedenkfeier ihres dahingeschiedenen Meisters sechs symphonische Dichtungen auf das Programm setzten. Das Publikum hob den Handschuh auf und strömte schaarenweise der Kampfstätte, dem Bösendorfer-Saale, zu. Aber siehe da! Aus Saulus ward Paulus und die Herren Göllerich und Stradal, die arg verketzerten, bemitleideten, bespöttelten, waren schließlich die Helden des Abends. Mit sechs symphonischen Dichtungen zu concertiren und dieselben der Reihe nach auf dem Piano durchzuspielen, dazu gehört allerdings viel Muth. In keiner andern Stadt aber, als gerade nur in Wien, würde man darin gar so Ungewöhnliches erblickt haben. Hier aber sind wir, Dank der Fürsorge unseres gesinnungstüchtigen Hofcapellmeisters, über die Preludes (und aus Versehen sogar einmal über den Mazeppa) noch nicht hinausgekommen. — Bedenkt man nun, wie fremd das Publikum der ureigenen Sprache einer so tief angelegten, durchgeistigten Natur, wie Liszt, gegenüberstand, wie ihm dieselbe nur in der Clavierübersetzung und allzu langen Programmen verdeutscht werden konnte, und doch, mit welcher Ausdauer und Aufmerksamkeit, mit welchem Interesse und welcher Begeisterung die Zuhörer den Vorträgen folgten, bedenkt man dies so recht, möchte man sich wohl der Hoffnung hingeben, auf diesem etwas ungewöhnlichen Wege das Interesse und allmälige Verständnis für die Werke Liszt's gefördert zu sehen. Freilich bedarf es hiezu zweier so verständniss- und hingebungsvoller Interpreten wie der Herren Göllerich und Stradal. Wir wollen nicht sagen, daß die Interpretation eine gänzlich tadellose war. Aber das Fehlerhafte machte sich so selten bemerkbar, die Vorzüge hingegen traten in so glänzender Weise hervor, daß wir es unschicklich fänden, dem wohlverdienten Lorbeer Nesseln beizugesellen. Da ich überdies glücklicherweise in der Lage war, Herrn Göllerich persönlich über die Licht- und Schattenseiten seiner und seines Collegen Stradal Leistungen mich auszusprechen, glaube ich, einer Wiederholung an diesem Platze mich nicht schuldig machen zu dürfen.            Hugo Wolf.“

Wie sehr Göllerich von Liszts Geist erfüllt war, in seinem Geist lebte, bezeugt seine Tätigkeit in Linz von 1896—1923. Im Verlaufe seiner mehr als ein Vierteljahrhundert umfassenden fruchtbaren Arbeit, zu der ihm für die großen Aufführungen oft ein Orchester von mehr als hundert Musiker und Massenchöre zur Verfügung standen, hatte er von Liszt, bis auf eine Ausnahme, sämtliche Symphonischen Dichtungen, die beiden Oratorien „Die Legende von der heiligen Elisabeth“ und „Christus“, „Eine Faust-Symphonie“, „Eine Symphonie zu Dantes Divina Commedia“, die Chöre zu Herders „Entfesseltem Prometheus“, und „Künstlerfestzug zur Schillerfeier 1859“ zur Erstaufführung gebracht [21].

Göllerich prägte ein Lisztbild, das aus genauer und intimer Kenntnis, überaus geschärft durch den engen persönlichen Umgang mit Liszt, entstand. Heute — mehr als 50 Jahre nach Göllerichs Tod — müssen wir auf die immense Wirk-

---

[21] Vgl. W. Jerger, August Göllerich, Schüler und Interpret von Franz Liszt, S. 31.

samkeit dieses Mannes, der von Bruckner — er diente auch ihm mit höchstem Eifer — und Liszt autorisiert wurde, über sie zu schreiben, rückschauend sagen: Sein fanatisches, beharrendes Eintreten für Franz Liszt war ein Teil seiner Lebensaufgabe, war Aufgehen im Werk des Weimarer Meisters, über den er schon früh den bedeutsamen Satz formulierte:

„Liszts beredsame harmonische Deklamation hat die ganze neue Zeit begründet, inklusive des Wagner vom ‚Tristan‘ an ...“ [22]

Abschließend sind einige editorische Hinweise anzubringen. Bei etlichen, in den Tagebüchern genannten Namen, waren Vornamen, bei Werken Opuszahlen zu ergänzen, soweit ihre Kenntnis nicht vorausgesetzt wird, ferner Werktitel etc. teilweise zu berichtigen. Auch mußten bei Aufführung der Unterrichtsprogramme zuerst die Komponisten der Werke zum Zwecke einer einheitlich zu haltenden Schreibweise genannt werden, denn Göllerich schreibt einmal „Schumann, Toccata“ und dann „Waldstein-Sonate von Beethoven“. In einzelnen, wenigen Fällen gelang es nicht, Namen und Werke zu identifizieren bzw. Erläuterungen zu geben. In der vorliegenden Arbeit fand das „Verzeichnis aller Werke nach Gruppen geordnet“ von Felix Raabe [23] sowie das „Verzeichnis der Werke Franz Liszts“ von August Göllerich [24] Verwendung.

Für jedes in den Tagebüchern genannte Werk von Franz Liszt wird die Werknumerierung von Felix Raabe zusammen mit der Majuskel R = Felix Raabe als Sigel verwendet. Die Majuskel „R“ hat Felix Raabe, der Verfasser des Anhangs im 1968 erschienenen Reprodruck von Peter Raabes „Liszts Leben“ in „Zusätze zum Werk-Verzeichnis“ („Zusätze zu Band II“, S. 7) eingeführt. Das Sigel „R“ wird hiermit durchgehend in der vorliegenden Arbeit benützt. Über die Schüler Liszts informiert das „Alphabetisch — geordnete Verzeichnis der Schüler Franz Liszts ...“ von August Göllerich [25].

---

[22] Vgl. Göllerich II, 214.

[23] In Peter Raabes „Liszts Leben“ II, 241—364. Vgl. hierzu B. Hansen, der in seiner Arbeit auch eine Sichtung des Werkverzeichnis vornimmt.

[24] Göllerich II, 271—325.

[25] Göllerich I, 131—137. Lachmunds, im Anhang seines Buches abgedrucktes „1. vollständiges Namenverzeichnis der Liszt-Schüler“ ist unvollständig und fehlerhaft.

## 6. Die Tagebücher von August Göllerich

*Göllerich hat in seinen Notizbüchlein, nachdem er jeweilig Tag, Monat, auch Jahr und Stundenzeit notierte, anschließend das Unterrichtsprogramm — fortlaufend arabisch numeriert — aufgeführt und neben den einzelnen Werken die Namen der Vorspielenden in Rundklammern gesetzt. In vielen Fällen hat Göllerich auch Rundklammern notiert, aber keine Namen eingetragen; entweder hat er darauf vergessen oder sie sind ihm anläßlich der Anfertigung von Reinschriften entfallen.*

*Die von ihm an das aufgeführte Unterrichtsprogramm anschließenden, gleichfalls arabisch numerierten Bemerkungen, hat er in Eckklammern = [ ] geschrieben. Sie folgen hier nach der Aufzählung des Unterrichtsprogrammes mit der gleichen Numerierung, in derselben Reihenfolge, aber ohne Klammer.*

*Alle Aussprüche von Liszt, die Göllerich in Anführungszeichen bringt, sind gleichfalls in Anführungszeichen, jedoch kursiv gesetzt. In der gleichen Schrift, ohne Anführungszeichen, sind die Bemerkungen des Herausgebers gedruckt.*

WEIMAR

31. Mai 1884 — 6. Juli 1884

## I. Stunde am 31. Mai [18]84
### Von 4—6 Uhr.

| | |
|---|---|
| 1. J. Raff: Suite | (Lambert) |
| 2. G. Sgambati: Concert I. Satz [26] | (Sauer, Reisenauer) |
| 3. F. Liszt — Dante-Fantasie [27] | |
| H. v. Bülow: „Le lezard" | (Frl. Großcurth) |
| 4. F. Liszt: 2. Valse aus „3 Valses caprices" [28] | |
| 5. C. Tausig: Zigeunerweisen | (Hr. Klahre) |
| 6. Rafael Joseffy: Arabeske | (Rosenthal) |
| 7. Rafael Joseffy: „Polka noble" | (Liebling) |

1. *„Schönes Repertoirestück"!*

3. Riesige Steigerung; Pedal!

4. wurde gut gespielt.

5. *„Nicht bescheiden, sondern impertinent";* *„Spectakel = Machen";* Sehr accentuirt ungarisch. Bässe rein! Nicht *„genial"* herunterhauen; nicht *„lumpig"* spielen; *„ich danke für eine solche ‚Lumperei' ".*

6. *„Ich hab's gern."*

Der Meister sagte, mit der „Arabeske" wolle er die Stunde schließen, in dem er nach den „Zigeunerweisen" äußerte: *„viel will ich heute nicht mehr hören."* Hierauf hat Rosenthal [gefragt], ob er die „Don Juan-Fantasie" [29] spielen dürfe, (!) worauf der Meister entschieden sagte:

*„Nein, das dürfen Sie nicht."*

Von de Sandt trug sich an, das „Concert-Solo" [30] zu spielen, was der Meister ebenfalls verweigerte.

Eine Dame wollte am Schlusse noch etwas spielen. Der Meister sagte: *„Mehr als zwei Stunden so aufmerksam zuhören, geht nicht, da käme ich auf den ‚Hund' und das könen Sie doch nicht wollen."*

(Anwesend etwa 25 Personen)

---

26 Konzert f. Klavier op. 15.

27 Années de Pèlerinage. Deuxième Année. 7. Après une lecture du Dante, Fantasia quasi Sonata. R 10b.

28 Vgl. R 32b und 33b.

29 W. A. Mozart — Liszt: Réminiscences de Don Juan. R 228. Vgl. auch R 660.

30 F. Liszt: Großes Konzertsolo. R 18.

Pfingstsonntag, 1. Juni [18]84.

Nachmittag bei Stahr's unter Anwesenheit des Meisters von 4—6 Uhr.

1. F. Liszt: „Hamlet", Symph. Dichtung auf 2 Clavieren vierhändig [31]

II            I<br>
(Fr. Greipel u. Göllerich)

2. F. Liszt: Consolation Des-dur für Cello [32]      (Hr. Grützmacher jun.) [33]

3. F. Liszt: „Mazeppa" [34] u. „Waldesrauschen" [35]      (Hr. v. d. Sandt)

4. „Berg-Symphonie 2 Cl. 4hdg [36]      (Friedheim u. Reisenauer)

5. R. Wagner: „Liebeslied" aus Walküre [37]      (Hr. Jahn)

6. R. Wagner: „Träume" [38]

7. F. Liszt: „Mignon" [39]

1. Bei der Steigerung, Seite 7, sagte der Meister: *„sehr gut"*; fortwährend machte er an die Nebensitzenden Bemerkungen. Bei Seite 10 sprang der Meister auf, sah in die Noten und sagte: *„Ganz famos"*! Beim ersten 3/2 Takt sagte er, daß dieser Satz auf „Ophelia" hindeute; beim zweiten 3/2 Takt *„jetzt wieder Ophelia"*. Am Schlusse applaudirte der Meister lebhaft und sprach: *„sehr gut und sehr intelligent gespielt"*.

3. Nach dem „Waldesrauschen" wollte der Meister den „Gnomen-Reigen" hören [40].

4. Der Meister sagte vorher: *„Ist das ein corruptes Haus; ich mache die Herrschaften aufmerksam, daß es eine halbe Stunde dauert."* Der Meister dirigirte an vielen Stellen und hörte aufmerksamst zu, indem er sich zwischen die 2 Claviere setzte. — Bei der Steigerung gegen Schluß äußerte er: *„jetzt wird's immer enger, es ist wie ein 7 stöckiges Haus bis zum Schluß."* Bei dem Octaven-Thema sagte er zu Weingartner [41]: *„freut mich, daß Sie das Thema verwendet haben bei den Worten ‚Es war ein Traum' in der ‚Sakuntala'* [42]. *Dieses Thema ist schon 30 Jahre alt!"*

Der Meister wartete um 6ʰ schon ungeduldig auf seine Kutsche und sagte: *„Die Wägen sind da, um auf uns zu warten und nicht wir auf die Wägen; das ist die Moral der Geschichte." „Seit mehreren Jahren bin ich sehr schlecht zu Fuß."*

[31] R 266.

[32] R 12. Bearbeitung für Vc. und Kl. von Jules de Swert.

[33] Leopold Grützmacher (1835—1900), von 1876 an 1. Violoncellist (Kammervirtuose) in Weimar.

[34] Für Klavier 2hdg. bearb. von L. Stark. R 417.

[35] Zwei Konzertetuden. 1. R 6.

[36] R 357.

[37] R. Wagner: Walküre. 1. Akt.

[38] R. Wagner: Fünf Gedichte für eine Frauenstimme (M. Wesendonk) Nr. 5.

[39] Mignons Lied „Kennst du das Land" (Goethe). R 592.

[40] Zwei Konzertetuden. 2. R 6.

[41] Felix v. Weingartner.

[42] F. v. Weingartner: Sakuntala.

## II. Stunde, Dienstag, 3. Juni [1884],
### 4—6 ʰ nachm.

1. Max van de Sandt: Diverse technische Studien
2. F. Liszt: „Feux follets" [43] (2 mal)          (Frl. Großkurth)
3. J. Rheinberger: Ballade — eigene Compositionen     (        )
4. F. Liszt: „Etude héroïque" [44]                 (        )
5. F. Chopin: „Nocturne" Nr. 8 C-moll

                                                  a) (        )
                                                  b) (Frl. Fischer)

6. R. Schumann: Toccata op. 7                   (Hr. Piutti)
7. F. Chopin: 1. Etude C-dur op. 10, Nr. 1       (Rosenthal)
8. F. Chopin: „Barcarole" op. 60             (Burmeister)

1. Der Meister fing an, die I. und II. Etude aus dem Gradus von Clementi zu zeigen; dabei sagte er, *„der Mensch ist so jung und treibt schon Theorie, ja, ja, Methodik, alles Methode. Mein alter vierter Finger hat schon zu wenig Kraft."* Rosenthal zeigte eine besonders „feine" Passage. *„Ja sehr schön"*, sagte Liszt, *„aber alle Theorie hat nur Bedeutung, weñ man sie auch anwenden kann, und diese ‚theoretische, Studie kom̄t niemals vor in der Anwendung praktisch."*

Der Meister fing noch an zu spielen
Clementi Nr. 2 — Etude
Clementi Nr. 5 (Übung des 4. und 5. Fingers)
Clementi Nr. 6
Clementi Nr. 13
nach Köhlers Hochschule genommen [45]. Ferner fing er die „Sexten-Etude" von F. Chopin [46] an zu spielen und sagte dabei: *„das ist was für Retz!"* [47]

2. Der Meister betonte, daß er das Tempo sehr bequem wünsche. Die Schlußpassage ließ er öfter spielen, als gedruckt steht.

---

[43] Etudes d'exécution . . . 5. R 2b.
[44] Etudes d'exécution . . . 7. R 2b.
[45] Liszt ließ sich 1856 L. Köhlers „Systematische Lehrmethode für das Klavierspiel" schicken, die er sehr hoch schätzte.
[46] op. 25, Nr. 8.
[47] Liszt meint Toni Raab aus Retz in Niederösterreich. Göllerich schreibt in seinen „Erinnnerungen", S. 2: „Seine petite Retzoise', Toni Raab, eine der geistvollsten Persönlichkeiten und Technikerinnen des Liszt-Kreises dieser Zeit, hat mich zu ihm geführt." Max Auer will wissen, daß Toni Raab auch die Lehrerin von A. Göllerich war. Vgl. Göllerich III, S. 8. Über Toni Raab, siehe W. Jerger: August Göllerich, Schüler und Interpret von Franz Liszt, in: OÖ. Heimatblätter Jg. 26/1972 Linz, S. 24. Vgl. auch Neue Musikalische Presse VII. Jg., Nr. 13, S. 2. Wien 1898.

3. Über die Ballade lachte er herzlich; bei den Compositionen des Amerikaners [48] sagte er, *„das ist der ‚amerikanische Rheinberger'."* Bei einer Gavotte desselben äußerte [er], *„natürlich heutzutage werden im̄er brav ‚Gavotten' komponirt."* Dabei wiegte er sich köstlich. Beim Schluß der Ballade rief er aus: *„ah! welch tiefsiñiger Akkord! O, das ist veriñerlicht!"*

4. Verlangte der Meister, daß sie gespielt würde. Er spielte selbst die Oberstimme stellenweise mit, um die Themen recht zu markiren. Das Tempo ließ er sehr „Allegro" nehmen, durchaus schneller, als ich geglaubt hätte. Wo das Hauptthema als Vorspiel kom̄t, ließ er es sehr leichthin staccato spielen und spielte es selbst in doch sehr markigem Klange unvergleichlich characteristisch vor. —

Bei allen Oktavengängen empfahl er den 4. Finger auf den Ober-Tasten, indem er sagte: *„ich empfehle das sehr dringend."*

5. Die erste Dame spielte das Thema am Begiñe ungeheuer sentimental und zerrissen, worauf sich der Meister setzte und das Thema in ungeheuer weiter, breiter Weise spielte. Das Fräulein wiegte sich dabei im̄er hin und her, worauf Liszt sagte, *„halten sie sich ganz ruhig Kind. Dieses Wackeln ist 'frankfurtisch', thun sie nur nicht so wackeln."* Er setzte sich und sagte: *„sogar die bewundernswerte [Clara] Schumann wiegte sich so"*, und er machte es köstlich nach. Dañ kam er auf das moderne Zerreissen aller Themen zu sprechen und sagte: *„Pfui, Teufel"*, *„da danke ich, das ist schon gegen allen Anstand"*. Dann machte er „Moscheles" [49] nach in höchlichst drolliger Weise, eine seiner Etuden spielend. Dañ sagte er, *„ja, das sind die Priesteriñnen der Kunst, die wollen Chopin einmal zur Geltung bringen"*. *„Ja, meinen sie denn, das hat vor ihnen noch Niemand gespielt."* *„Nur nicht diese ‚äußerliche Veriñerlichung'."* *„Geniren Sie sich nur nicht so iñerlich; es ist gar nicht so schlim̄."* Dañ sagte er: *„ja in Leipzig, oder Frankfurt oder Cöln oder in Berlin auf der ‚großen Hochschule' da werden sie Glück damit machen"*. — *„Zu Ihnen kann man sagen wie zu Ophelia: ‚gehe in ein Kloster', gehen Sie in ein Conservatorium"* (!!) Zur 2[.] Dame sagte er bei einer Stelle: *„das kann ich Ihnen nicht zeigen, das muß Ihnen Ihr eigenes Gefühl eingeben; das kann Ihnen nicht einmal ein Herr ‚Professor' zeigen, der ich wohl nicht bin. — "*

6. Der Herr spielte sie sehr schlecht, Liszt machte die köstlichsten Gesichter und rief endlich aus, *„O, du heiliger Bim-Bam!! Na das ist wohl sehr schülerhaft."*

7. Der Meister sagte, *„da köñte ein Herr Gounod [50] noch etwas dazumachen, ‚ein Ave-Maria' oder dergleichen. Nun, vielleicht werde ich dieser Gounod sein."* Er parodierte darauf das C-dur-Präludium des wohltemperirten Claviers, in der Gounod'schen Weise.

8. Die Barcarole dirigirte der Meister begeistert.

Rosenthal wollte wieder die Don-Juan-Fantasie spielen. Der Meister verweigerte es wieder energisch. Beim Fortgehen sagte er zu Allen: *„also Doñerstag empfehle ich mich wieder ihrer Gnade."* Er war bei der ganzen Stunde

---

[48] Edwin Klahre (Klare); amerikanischer Pianist u. Komponist. Schüler v. F. Liszt.
[49] Ignaz Moscheles.
[50] Charles Gounod.

sehr gut und heiter, und frisch aufgelegt, begleitete noch bis zur Stiege heraus und sagte zum „Casselchen" [51] „Sie retten noch das Renomée der Liszt-Schule, die nach Bülow's Ausspruche schon stark compromittirt ist." Wie ich kam, schüttelte er mir die Hand und sagte wieder: „Sie haben sehr schön gespielt." Beim Fortgehen, „au revoir". „Empfehle mich allseits dem ferneren Wohlwollen."

Bei der C dur-Etude von Chopin betonte der Meister, daß sie durchaus sehr stark gespielt werden müsse. Er setzte sich auch darauf und fing einige Etuden von Chopin zu spielen, darunter zweimal die in E-dur [52].

Der junge Amerikaner wollte die E-dur-Polonaise spielen [53]. Der Meister sagte „nein, die kann ich nicht mehr hören."

So oft jemand Compositionen von Liszt vorzeigte, sagte der Meister: „lauter schlechte Musik", „von der allein richtigen Kritik als falsch verdamt" und lachte. Bei der „Tocattilla" (wie er sich ausdrückte) drang er sehr auf fesches, schnelles Tempo und sagte wiederholt, „nicht so vorsichtig!"

## III. Stunde.
### Donnerstag, 5. Juni [18]84 um ¹/₂4—6ʰ.

1. L. v. Beethoven: 32 Variationen op. 61.                    (Klahré, Amerika)
2. F. Chopin: 2 Etuden E-dur op. 10, Nr. 3 und A-moll op. 25, Nr. 11
   A. Rubinstein: Valse in Es-dur
3. R. Schumann: Introduction und Concertallegro op. 92?
                            (Frau Montigny-Remaury und Rosenthal)
4. D. F. Auber: Tarantelle aus der „Stumen" [54]          (Frl. Großkurth)
5. F. Liszt: Concert-Solo [55]                              (van de Sandt)
6. Ch. Alkan: „Das Gastmahl des Aesop".                     (Friedheim)
7. G. Sgambati: Concert op. 15, 2. und 3. Satz      (Sauer und Reisenauer)

1. Der Meister accentuirte mitspielend selbst imer ein paar Töne und drang auf fesches, frisches Tempo bei den letzten Variationen.

[51] Emma Großkurth aus Kassel.
[52] op. 10, Nr. 3.
[53] F. Liszt: 2 Polonaises. 2. R 44.
[54] D. F. E. Auber-Liszt: Die Stumme von Portici. R 117.
[55] Großes Konzertsolo. R 18.

2. Der Meister wünschte jedes Sechzehntel bedeutend und „einschneidend" accentuirt; besonders bei der 2. Etude sagte er, „*im̄er scharf einschneidend und rhythmisirt, nicht zu langsam und wie Vogelsang, das ist nichts.*" Er selbst im̄itirte mit der Passage der rechten Hand köstlich das Zwitschern, das meist bei dieser Stelle angewandt wird. —

Die E-dur spielte er selbst im Anhange.

Bei dem Walzer von Rubinstein sagte er „*nun ja, spielen Sie den ‚Ohrfeigen'-Walzer!*" Er erklärte dañ „*Sophie Menter*[56] *nañte dieses Stück im̄er den ‚Watschen-Walzer*" und lachte köstlich. Bei der Stelle, an der im̄er das b oben heraus gehaut wird, sagte er „*ja, theilen Sie nur im̄er recht Ohrfeigen aus*"; dazu machte er im̄er die entsprechenden Handbewegungen in unnachahmlicher Weise.

3. Frau Montigny[57] frug um das Tempo. Liszt nahm den Metronom und ließ ihn auf das angegebene Tempo richten. Dabei sagte er „*bei Schumann kann man sich auch darauf nicht verlassen, Sie wissen ja, daß er einen falschen Metronom hatte!*"

Hierauf gab er das Tempo an, wie er es meinte.

Frau M. [ontigny] glaubte, dies sei zu rasch und bat, ob sie es so nehmen dürfe, wie Frau Schumann, die es langsamer nehme. Liszt sagte „*ja, ich habe nichts dagegen und Frau Clara die ist ja die Päpstin, natürlich!!*" Er unterhielt sich über die Mache des seichten Stückes köstlich und mußte wiederholt lachen. — Bei den ganz banalen Begleitungspassagen brach er in helles Lachen aus und sagte „*jetzt weiss sich der Componist schon nicht mehr aus vor*" — dabei machte er mit dem Munde köstliche Bewegungen, wie wenn man sich ihn ausspült. — Als wieder solche Stellen kamen, sagte er „*jetzt werden wieder Maccaroni gegessen*" und er machte dieselben Mundbewegungen.

Besonders lachte er über das grim̄ig lustige „Allegro", bei dem er sich ganz ausgezeichnet zu unterhalten schien.

4. „*Das ist ein sehr schweres Stück*".

5. „*Mit meinen 2 Widmungen an Henselt und Kullak*[58] (Scherzo uns Marsch)[59] *hatte ich kein Glück. Nein, sagten Beide, ‚höre Du, das kann man nicht spielen, das geht über die Möglichkeit!*" „*Es ist dieses Solo etwa [18]53 komponirt; der erste der sich daran wagte, war Tausig. Aber sonst koñte es Niemand spielen.*" —

Das erste Thema ließ der Meister sehr markirt (die Viertel) und energisch schnell spielen. Er machte es selbst vor. Bei der Passage (agitato) Seite 6, ließ er die Achtel sehr hervorheben, so wie schon früher in der letzten Zeile, Seite 6, in der rechten Hand! — Vom 9. Takt, Seite 10, bis 2 Takte des Andante sostenuto, spielte der Meister selbst vor. Die Passagen (quasi arpa) ganz verloren, das Thema im̄er sehr bedeutend. Den Gang (slargando) sehr ritardirt und jedes Achtel hörbar. Er ließ das Pedal liegen, fortwährend bis in den ersten Takt des Andante, so daß dieses sich ganz verklärt und träumerisch vom Desdurakkord ablöst.

[56] Sophie Menter (1846—1918), berühmteste Schülerin von F. Liszt.
[57] Caroline de Montigny-Remaury, später Mme. Serres.
[58] Adolf Henselt, Theodor Kullak. Vgl. R 20.
[59] R 20.

Die Stelle (dolcissimo) Seite 11 spielte der Meister wieder selbst und sagte *„sehr klingend und schwebend zart."* Auch die Stelle, 2. Takt, letzte Zeile, Seite 11, spielte er vor und wünschte die 16tel des Ganges in der rechten Hand sehr hervorgehoben, namentlich auch die 7 Staccati-Noten, kurz, die ganze Figur sehr bedeutend. — Die Terzen = Triller, Seite 13 und 14, wünschte er *„sehr deutlich und schön klingend"*. Das à tempo (con maestà), Seite 14, ließ er sehr strahlend, glänzend nehmen und in schnellem Tempo.

Das Seite 20 wieder auftretende erste Thema ließ er wieder überall sehr markiren und durchaus in schnell energischem, fortfahrendem Tempo nehmen. —

Seite 24, ließ er die Stellen der linken Hand sehr brummend und sehr piano und verschwimmend nehmen, etwa wie sehr leise Paukenschläge. Dabei müssen natürlich die einzelnen Noten (32tel) möglichst aneinander gebunden werden. Seite 28 ließ er das Thema ziemlich schnell nehmen. — Seite 30, das Thema sehr schnell.

Er erzählte schließlich, daß Bülow eine Kadenz von etwa 40 Takten zu dem Concert-Solo gemacht habe, jüngst. — Er sagte auch von dem „Solo": *„es ist doch ein undankbares Stück."*

Er machte auf Anfragen v. d. Sandt einige Correcturen, indem er äußerte *„Ich habe in meinem Leben so viele Noten zu schreiben gehabt, daß ich leicht einen Fehler übersehen konnte."* —

Der Meister erzählte, er habe die C moll-Etude von Chopin[60] von Rubinstein spielen hören und sei ganz erschrocken, wie er sie spielte. Er meinte, es müsse das Instrument in Fransen gehen. Aber sagte er *„es steht ihm gut an."*

Der Meister machte auch aufmerksam auf die neu erschienenen Soirées de Vienne[61] und spielte ein Stück aus einer. —

6. *„Ein Componist[62], der viel zu wenig gekañt ist und sehr gute Sachen hat."*


Soñtag, 8. Juni [1884] 4—5ʰ, der Meister

anwesend bei Frls. Stahr.

| | |
|---|---|
| 1. Marie Jaëll: Drei 4händige Walzer | (Frl. Jaëll und Fr. Montigny) |
| 2. A. Bürger—Liszt: Leonore[63] | (Frl. Bote und Friedheim) |
| 3. C. Saint-Saëns: „Danse macabre" op. 40[64] | (Fr. Montigny und Hr. Siloti) |
| 4. E. Grieg: Concert A-moll, op. 16 | (Liebling und Reisenauer) |

[60] F. Chopin: wahrscheinlich op. 25, Nr. 12.
[61] F. Liszt: Valses caprices d'après Schubert. Neuausgabe 1883. R 252.
[62] Charles H. V. Alkan (eigentl. Morhange) (1813—1899), bedeutender Pianist und Komponist.
[63] F. Liszt: Leonore, Melodram (Ballade von A. Bürger). R 654.
[64] Übertragen von F. Liszt. R 240.

1. Beim 2. [Walzer] sagte der Meister *„das ist ein Bären-Tanz".* Beim 3., *„da wähnt man sich in die Tyroler Berge versetzt".*
2. *„Die Dame hat sehr jugendlich deklamirt!"*
3. *Der Meister lachte wiederholt und sagte beim Schlusse „passen Sie auf, jetzt kom̄t der Hahn!"* Er sprach, ob man seine 2hdge Transcription kenne und sagte, *„Saint-Saëns hat mir gesagt, ich solle damit machen, was ich will; ich habe theilweise verändert und das Stück ist jetzt fast doppelt so lang."*

[Zu] 2. Der Meister zeigte, wie beim *„Ritt"* in der melodr. Begleitung markirt werden müsse.


## IV. Stunde

### Montag, 9. Juni [18]84, von 3/4 4ʰ—1/4 6ʰ.

1. F. Liszt: „‚Miserere' von Palestrina und ‚Andante lagrimoso' aus den Harmonies" [65]                                    (Siloti)
2. F. Chopin: Cis-moll-Nocturne op. 27, Nr. 1 und Berceuse op. 57
3. F. Liszt: Vogel-Predigt [66]                                                     (Frl. Volkmann)
4. F. Liszt: Etude (3.) in Des-dur [67]                                              (Frl. Fischer)
5. F. Chopin: Concert-Allegro in A-dur [Allegro de Concert] op. 46
                                                                                     (Rosenthal)
6. Edwin Klahre: Impromptu eigener Composition                      (            )


1. *„Verpönte Sachen, verworfen und ganz schlecht."* Der Meister zeigte das dem Andante vorgedruckte Gedicht und sagte *„ja, wenn Einem nichts einfällt, dann nim̄t man ein Gedicht her und es geht; man braucht da gar nichts von Musik zu verstehen und macht — Programm-Musik!"* Dabei lachte er köstlich.
2. Nocturne: Den Satz (Piu mosso) zeigte der Meister selbst, wie er gespielt *werden müsse, „es ist ein sehr schwermüthiger Satz";* spielen Sie das nicht als *Polka mazur"* (!) *„Das klingt dann sehr conservatoriumsmäßig!"* Bei der Stelle (con anima) zeigte der Meister, wie sie mit Nachdruck gespielt werden müsse und forte bis zum pp ganz fortdauernd; das pp müsse ganz plötzlich auf das forte folgen.

Bei einem falschen Tone sagte er: *„das kañ ich Ihnen nicht erlauben, weñ Sie Chopin zur Geltung bringen wollen."*

---

[65] F. Liszt: Harmonies poetiques et religieuses. 8. Miserere, d'après Palestrina. Andante lagrimosa.
[66] Légendes. 1. François d'Assisi. La Prédication aux oiseaux. R 17.
[67] 3 Etudes de Concert. 3. R 5.

36

„*Übrigens brauchen Sie das in den ,Rheingegenden' und in Mannheim, Düsseldorf nicht.*

*Ich verstehe auch nichts von Musik und bin ein schlechter Componist; die Schuljungens verstehen das Alles besser als ich, und ich bin höchstens dort als guter Erlkönig-Spieler beliebt*". — „*Ihr Spiel klingt sehr jungfräulich*" Bei der „Berceuse" zeigte der Meister ebenfalls sehr vieles selbst. Den Anfang schon ziemlich piano beim ersten Einsatz des Themas. „*Den Rhythmus in der linken Hand müssen Sie manchmal markiren.*" Bei dem Laufe in der rechten Hand „*da köñen Sie Ihre Grazie entfalten, da köñen Sie sich entwickeln, indem Sie den Lauf und dann die beiden Triller sehr piano und zart spielen.*" Er spielte selbst den Lauf und die Triller vor, wie er sie wünschte, ganz hingehaucht. Doch sagte er wieder „*Madame Dubois*[68] *in Paris nim͞t das alles anders als ich und nicht so und sie ist natürlich die Autorität; gehen Sie zu ihr!*" Am Schlusse spielte der Meister die Stelle in der rechten Hand, die mit dem Ces beginnt, in dem er dieses sehr gehalten nahm. Er sagte dabei „*das spiele ich so und zeige es Ihnen, da Sie ja Chopin zur Geltung bringen wollen!*"

3. Draußen im Garten sangen die Vögel und der Meister sagte „*sehen Sie, das haben Sie in Nürnberg nicht.*"[69] Das Stück wurde elend gespielt. Der Meister spielte nur die Schlußzeilen selbst, in dem er betonte, daß die Terzentriller ja nicht zu kurze Zeit genöm͞en werden dürfen.

4. Das Thema wünschte der Meister nicht zu langsam genöm͞en. Die Stellen Seite 4 (Oktaven mit 3. u. 2. Finger) zeigte der Meister selbst und wünschte sie nicht zu langsam. Er sagte „*vor Ihrer Geburt war das Alles ganz neu; heute freilich ist es abgeschrieben von den Herren Blumenthal*[70] *und Consorten und klingt alt und banal.*" Seite 6, Zeile 3 sagte der Meister, man solle hier einen Octaven-Wirbel mit beiden Händen ziemlich lange machen, statt dem, wie's dort steht für die rechte Hand allein. — Seite 9 zeigte der Meister auch eine Variante, bei der der Lauf bis zum letzten As des Clavieres hinauf geht. Er sagte dabei „*ich habe das 3 oder 4 mal geändert, jetzt lasse ich's gut sein.*"

ad 2. Berceuse. Der Meister zeigte noch, wie die Terzenvorschläge beim Beginne des Themas sehr leicht, aber ganz klingend gespielt werden müssen und nicht zu schnell verschluckt werden dürfen.

Er sagte auch, es sei merkwürdig, daß Chopin so oft das Pedalzeichen hinsetzte.

ad 3. Der Meister erzählte, daß Saint-Saëns diese Legende zu seinem größten Erstaunen auf der Orgel gespielt habe.

5. Der Meister sagte „*ah, Sie spielen nicht das E moll, das ,Essipoff-Concert*[71] *oder besser ,Essistopf-Concert; das hat sie alleinig gepachtet, man kann es aber schon besser spielen, doch das macht nichts — sie hat viele und nur gute Referate und das ist die Hauptsache!*" — Man erzählte dem Meister, daß Nicodé[72] einen

[68] Dubois?
[69] Liszt spielte auf die Ramann-Volkmannsche Musikschule in Nürnberg an.
[70] Jacob Blumenthal.
[71] Annette v. Essipoff (1851—1914), Schülerin (und 1880—1892 Gattin) v. Theodor Leschetitzky.
[72] J. L. Nicodé.

großen Mittelsatz hineincomponirt hätte in 5., weil der Meister sagte, *„es würde sich auf 2 Clavieren besser machen."* Liszt sagte nun hierauf, *„ja, die Herren, Nicodé und Blumenthal, die verstehen's Componiren; das ‚Hineincomponiren' hätte ich mir nicht einmal bei ‚Rubinstein' gestattet, dem ich einst vor dem Großherzog sein D moll-Concert gewissenhaft, wie's dort steht, begleitete."*

Der Meister wünschte das Thema nicht abgehackt. Er machte die Auffassung — Rosenthälchens [73] glossirend — des öfteren während seines Spieles die entsprechenden charakteristischen Gesten in der Nähe der Ärmellöcher!!! Es war köstlich.

6. Der Amerikaner zeigte 25 Variationen eigener Factur vor. Der Meister sagte: *„ah! Lieber Herr, wissen Sie, in Österreich war früher die Prügelstrafe eingeführt, die bestand auch in 25!!!"*

Nun spielte der Amerikaner sein „Impromptu" vor. Darauf setzte sich der Meister und sagte *„das könte auch so heißen"*: dabei spielte er den Anfang des Cis-moll-Impromptus [74] von Chopin; aber, sagte er *„da komt dann ein anderer ‚Mittelsatz' als bei Ihnen."* Er fing ihn an zu spielen. *„Nein"*, sagte er *„das heißt gar nichts, was ist denn das für eine ‚Faidaise'. Ich gebe Ihnen den guten Rat, stecken Sie diese Composition schnell in den Papierkorb; das ist die beste Verwendung dafür; oder geben Sie sie mir für meinen Papierkorb! Ich stecke furchtbar viel dahinein."*

Lambert wollte das D moll-Concert von Rubinstein und seine F moll Etude spielen. Liszt schnitt ein köstliches Gesicht und sagte *„nein, das wollen wir uns ersparen."* — Unter Andern sagte der Meister *„ich werde mir erlauben, noch Einiges zu schreiben, was die Herren Blumenthal etc. sich nicht zu schreiben getrauen!"*

Am Schlusse der Stunde *„ich empfehle mich Ihnen zu Gnaden."* Er war sehr frisch und heiter in der Stunde.


### V. Stunde
#### am Mittwoch, 11. Juni [18]84, v. ¹/₂4—6ʰ.

1. F. Liszt: Hirtenspiel aus „Christus" [75]           (        )
2. G. Meyerbeer-Liszt: „Afrikanerin" — Fantasie [76]    (Hr. Karek)
                                                               [Marek, Louis ?]

[73] Moritz Rosenthal.
[74] Fantaisie-Impromptu Cis-moll, op. 66.
[75] Oratorium 1. Teil, 4., R 478.
[76] Illustrations de l'Africaine. R 224.

3. F. Liszt: III. Sonett von Petrarca[77]     (Frl. Fischer)
4. F. Chopin: As-dur = Ballade op. 47, Nr. 3  (v. d. Sandt.)
5. F. Liszt: „Ricordanza" [78]       (   )
6. A. Rubinstein: 4. Concert op. 109 D-moll
  1. Satz.         (Lambert und Reisenauer)
7. R. Schumann: Toccata op. 7       (Sauer)
8. J. L. Nicodé: Scherzo fantastique  (Liebling und Reisenauer)

1. Der Meister spielte selbst den Anfang bis zum „vibrato"; die Figur (3,5) zum Anfang sehr klingend, und sehr pastoral; die Terzen-Stelle (dolce) (a Tempo) sehr gebunden und ziemlich langsam und ruhig, die Vorschläge nicht markirt; die Stelle („risvofiato") sehr frisch und lustig, fesch, mit genauer Beobachtung der Staccato-Punkte. Er sagte dabei *das heißt ,wach auf'!"* Die Stelle (vibrato) nicht gar langsam. Die Stelle (6/8 un poco espressivo) spielte [er] selbst ritardirt, und *„da müssen Sie in der linken Hand im̄er ,nach-ahmen'"* sagte er. Ebenso spielte der Meister die Stelle („grazioso") selbst vor, und zwar sehr scherzando. Der Meister sagte wiederholt *„nur nicht zu langsam, das wird sonst zu fade."* Die Stelle (L'istesso tempo) spielte der Meister ganz so, wie ich sie mir im̄er dachte. — Die Stelle (poco animato) wünschte der Meister ziemlich schnell und mit guter, runder Hervorheb[un]g der 3/8-Figur. Die Stelle (il canto espressivo) etwas langsamer und sehr gebunden, mit guter Hervorhebung der Melodie in den 4tel Noten. Den Takt (con grazia), der auch später öfter wiederkehrt, im̄er einen Gedanken schneller. — Den Schluß wieder sehr klingend und die 3 Achtel-Figur im̄er hervorgehoben. —
2. Der Meister dirigierte das ganze Stück mit und drang darauf, daß die Themen ordentlich zur Geltung kom̄en, namentlich in der linken Hand, trotz des Passagewerks.
Nicht die Passagen überbetonen.

3. Der Meister spielte selbst ein Stück davon und hob namentlich das Anfangsthema mit großem, breiten Gesange hervor. Er äußerte von dem einen Accorde *„Wagner hat denselben Akkord in seinem Tañhäuser (Venusberg) geschrieben also etwa [18]46. Zum 1. Mal wurde er aber hier geschrieben von mir [18]41. Das hat mir große Vorwürfe eingetragen und wurde mir arg angerechnet. Ich küm̄ere und küm̄erte mich aber um diese Vorwürfe gar nicht und mache mir nichts daraus."* — Dann sagte er *„was ich mit diesen Verlegern für Kreuz habe, ist nicht zu sagen; im̄er lassen sie mir die Gedichte weg. Ich muß im̄er wieder schreiben und oft ärgert mich das sehr. Das ist aber, weil die allein ,competente' Kritik es nicht will und weil die Program̄-Musik so verpönt ist! — Da getrauen sich dann die Verleger nicht, den Herren Recensenten gegen ihr*

---

[77] Années de Pèlerinage. Deuxième Année. Sonetto del Petrarca Nr. 123. R 10b.
[78] Etudes d'exécution . . . 9. R 2b.

Veto zu handeln und lassen imer wieder die Gedichte weg." — Liszt sah dann den Umschlag an und sagte „ah, da bin ich in einer illustren Gesellschaft: Schulhoff [79] und gar erst Gottschalk [80]! Ich sprach einmal mit einem Amerikaner und der sagte mir: ,— wissen Sie, unser Gottschalk, das ist der amerikanische Beethoven'! — Ich frug ihn, ob er den ,Wiener Beethoven' keñe!"

4. Der Meister spielte selbst fast die ganze Ballade. Er warnte vor zu starkem Herausschlagen der As-Oktaven beim Beginne. Unvergleichlich spielte er hierauf das eigentliche Thema; hernach carrikirte er köstlich, indem er ängstlich mitzählte, die Art, wie in den Conservatorien dieses Thema gespielt wird! — Bevor dieses Thema auftritt, sagte er über den ihm vorausgehenden Überleitungsgesang, den man verleitet ist, sehr mit Gefühl vorzutragen „ich spiele das ganz einfach, damit nicht das wieder eintretende Hauptthema an Ausdruck und Wirkung einbüßt; dieser Gesang zielt nur auf den Eintritt des Hauptthemas hin und ist deshalb nur als Übergang zu betrachten und auch so zu spielen; ganz einfach."

Bei der Passage, wo die rechte Hand hinauf, die linke gleichzeitig den 16tel Gang hinunter mitmacht, warnte er vor zu großer Flüchtigkeit und Schnelligkeit; da das Ganze wohl graziös herauskoñen, aber doch gut gehört werden muß. — Unbeschreiblich war es, als Liszt die Stelle spielte, wo die linke Hand rollende 16tel hat, während die rechte das Hauptthema vorbereitet und zuerst c, dann b und so fort spielt. Diese Noten hob Liszt sehr hervor und sagte dabei „das ist ungemein fein und geistreich gemacht; davor habe ich den größten Respect!" Zum Schlusse, als das Thema in den 6 Achteln ff auftritt, spielte der Meister den Rhythmus sehr markirt und stark hervorgehoben.

Der Meister empfahl heute wieder oft den 4. Finger bei Octaven auf Obertasten. Man frug ihn, ob man auch manchmal den 3. Finger nehmen dürfe. Der Meister sagte: „oh ja, ich nehme ihn selbst oft, doch ich habe ja eigentlich nicht Klavierspielen gelernt." — —

5. Der Meister spielte das Thema selbst. Sehr singend und die Achtel sehr gebunden, das Staccato der letzten 2 punktirten (⌢) Achtel nicht zu auffällig, das Viertel mit der Kappe ⋀ betont, die übrigen Achtel aber schwächer und leiser, so daß die Melodie graziös dahinfließt. — Die Stelle (Vivamente) spielte er wieder selbst, und zwar die 16tel sehr staccato und mit größter, blendender Leichtigkeit und Duftigkeit! — Die Passage Seite 18 spielte der Meister wieder selbst mit riesigem Flusse! — Die Stelle (largamente, molto espressivo) spielte er ebenfalls, und zwar mit großem, fast leidenschaftlichem Gefühle, voll steigernd sich äußerndem Leben! Der Meister sagte zu der Dame „nun, diese Etude noch anzuhören, ist wohl eine starke Zumuthung für mich; doch man muß ja manchmal gefällig sein — so spielen Sie sie denn nur."

6. Lambert sagte, er wolle nur den 1. Satz spielen, da der Meister sagte, „nu, wollen Sie uns das ganze Concert anthun?" Da sagte er nur, „nun, das ist bescheiden!" Beim 1. Thema sagte er, „das müssen Sie so spielen, breit, das erste Viertel betonen und das Thema im Großen auffassen. Nicht so tanzartig; jedes

[79] Julius Schulhoff.
[80] Louis M. Gottschalk (1829—1869), amerikanischer Pianist und Komponist.

*Viertel gleichmäßig spielen. — Das klingt dann so echt — — — — Sie wissen schon, was ich sagen will!!"* Dabei machte er die entsprechende Bewegung. Es war köstlich! — Liszt sagte bei der Ausarbeitung (Durchführung) *„nun, das ist wohl billig."* — Bei den „Makkaroni-Passagen" sagte [er], *„das müssen Sie sehr impertinent aufdringlich spielen, das hat dann die rechte Wirkung. Nur im̅er machen, als wäre Großes dahinter."* —

Er sagte auch, *„Rubinstein pressirt gerne".* Bei dem ganzen Satze schmunzelte er im̅er vielbedeutend! —

7. *„Das war eines der besten Stücke Tausig's!* [81]*"* Liszt drang auf fesches und markirtes, sozusagen „raffinirtes" Spiel. *„Nun, wer hat deñ noch was Vernünftiges"?* Ah, richtig, Nicodé, nicht zu verwechseln mit „Nicotin".

8. Beim Übergang zum 2. Satze (so zu sagen) äußerte der Meister, *„was, das macht Nicodé mit so wenig Facon".* Und über das Thema (straussisch) äußerte er, *„das liegt jetzt in der Luft. Grieg hats im A-moll-Concerte, und Jaëll in ihrem bei Stahr gespielten Walzer (nun ja, die nim̅t's auch nicht von sich!!)".*

Zu Fr. Petersilia sagte er, *„nun, was ist's mit Ihren 25? Nun, also bringen Sie sie nächstesmal. Da kriege ich dann von den 25 mindestens 20, nicht wahr?"*

Er sagte auf eine Rede über sein oftes Vorspielen *„ja, ich werde nächstens im̅er 5 Groschen einheben und ein Kapitalist werden."*

Der Meister war wieder sehr gut aufgelegt und sagte nach der Stunde unter Anderem zu Fr. Friedheim: — *„Ihr Sohn* [82] *bleibt noch da, er bekom̅t noch etwas, aber Sie bekom̅en nichts. — "*


## VI. Stunde
### am Freitag, 13. Juni [18]84. $^1/_24$—6$^h$

1. F. Chopin: 8. Präludium Fis-moll op. 28 (2mal)      (Frl. Soñtag)
2. F. Liszt: Gondoliera aus „Venezia e Napoli" [83]      (Hr. Piutti)
3. H. v. Bülow: Polonaise aus „Struensee" [84]      (Frl. Jeschke)
4. F. Liszt: A-dur-Concert [85]      (Burmeister und Friedheim)
5. X. Scharwenka: Polonaise      (Hr. Riesberg)

[81] Carl Tausig (1841—1871).
[82] Arthur Friedheim.
[83] R 10e, 1.
[84] Capriccio à la Polacca pour Piano sur „Struensee" de Meyerbeer. op. 17b.
[85] 2. Konzert. R 373.

6. F. Liszt: „Die Wasserspiele" III. Jahr [86]
7. V. Bellini-Liszt: „Norma-Fantasie" [87]                    (Sauer)
8. F. Liszt: 2. Ballade [88]                                  (Frl. Krause)


1. Der Meister zeigte selbst, wie die Melodie mit dem Daumen im̅er hervorgehoben werden müsse; dazu müssen doch im̅er die 32tel rechts gut gehört werden und nicht schleuderhaft verwischt werden. *„Spülen Sie sich nicht mit den Passagen so den Mund aus! Das ist wie Zähneputzen!"* Er drang auch darauf, daß die Triole in der linken Hand wirklich als Triole gespielt und gehört wird. — Der Meister sagte, *„spielen Sie lieber die beiden Montignyschen Nr. 20 und Nr. 7. Besonders mit letzterem werden Sie in Dresden großen Erfolg haben! — Das sind überhaupt für den Som̅er sehr empfehlenswerte Präludien. Für den Winter dañ nehmen Sie etwas schwereres."* Der Meister sagte auch, was das (Die Préludes) für ausgezeichnet schöne Sachen seien. *„Wie ist das Alles gemacht!"* Nr 19. spielte der Meister selbst theilweise, und zwar riesig schnell. Er hob hervor, wie schön im Verlaufe die Melodie geführt sei. Dann nahm er's doppelt so langsam und sagte; *„so spielt man's in Mannheim oder auf der Station Riesa zwischen Leipzig und Dresden!]* Er sprach über Nr. 11, *„wie noble ist das, wie fein!"* Noch hob er Nr 23. hervor. —
2. *„Das ist mir schon zuwider, obwohl es bereits in den Conservatorien gespielt wird!"* *„Ich habe dazu eine Melodie verwendet von [Cottrau]* [89], *den ich noch gekannt habe".* Beim Schlusse sagte er *„da läuten die Glocken vom Markusdome";* *„doch das müssen Sie selbst herausfinden, das kann ich Ihnen nicht mehr sagen und es ist mir schon zu fad."* Als der Herr fertig war, sagte er *„Nun, das haben Sie wohl sehr ‚bürgerlich' gespielt!"*
*„Sie müssen das ‚consequenter' spielen."*
3. Der Meister ließ den Polonaisen-Rhythmus sehr hervorheben und das Stück sehr auf den Effect hin spielen.
4. Er sagte *„trotz Allem und Allem ist die heutige Jugend schon so corrumpirt, dass sie solche Sachen auswendig spielt!"* — Beim Anfange taktirte er selbst und nahm ein sehr langsames Tempo, so dass das Thema recht zum Eindrucke kom̅t. —
5. Liszt lobte das Stück und sagte, daß das 1. Thema sehr markig und mit großem Nachdrucke gespielt werden müsse. *„Wenn ich das zu instrumentiren hätte, würde ich's der Trompete zuteilen."* —
8. *„Das war ein Stück, das vor den Augen Kullak's* [90] *Gnade gefunden hatte. Das liess er oft und viel spielen."* Er spielte selbst den Anfang und sagte *„nicht*

---

[86] Années de Pèlerinage. Troisième Année. 4. Les jeux d'eaux à la Villa d'Este. R 10e.
[87] Réminiscenses de Norma. R 133.
[88] Deuxième Ballade. R 16.
[89] Guillaume Louis Cottrau (1797—1847); vgl. R 10c.
[90] Theodor Kullak. Vgl. R 20.

*zu schnell"*; dabei spielte er die Passage in der linken Hand sehr rauschend und breit, mit sehr viel Ton und Pedal, nicht wie's meist geschieht als „brillanter" Lauf. Das „Allegro deciso" liess er sehr schnell nehmen. Die chromatischen Sextolen Seite 14 letzte Zeile, sehr breit. Die Stelle Seite 19 („grandioso") sehr schnell das Thema.

7. *„Das ist aus der Zeit, wo alle Welt spielte"*, dabei fing er das Kinderduett aus „Norma" zu spielen an! *„Madame Pleyel*[91] *wollte ‚Thalberg Passagen'*[92] *in einem Stücke, das ich ihr schreiben sollte. In der ersten Ausgabe dieser Fantasie ist der Brief vorgedruckt, den ich an Madame Pleyel schrieb. Er ist sehr witzig und gut. — Sie hat aber diese Fantasie nie gut herausgebracht."* „Ich sagte zu Thalberg ‚sehen Sie, jetzt habe ich Ihnen Alles abgeschrieben!" „Ja, da sind viele Thalbergpassagen drin, die schon oft ‚indecent' sind." —

Die Harpeggien im Anhange ließ er sehr klingend und sehr gebrochen spielen. Das (quasi Andante) Seite 2, sehr getragen. — Seite 4, 3. Zeile in der linken Hand, 3. Takt im selben Tempo wie das spätere Allegro deciso. Bei diesem (sehr schnell) in den Triolen = Octaven von der linken Hand immer die erste Triole (also die Viertel) betont. — Seite 4, machte er noch aufmerksam, daß man ja nicht in den 2 Verzierungen der rechten Hand cis statt c nehme. — Die Stelle Seite 7, 1. Zeile, 2. Takt, ja nicht zu schnell und innig. — Seite 9 (Andante con agitazione) spielte der Meister selbst unvergleichlich, wehmutsvoll und sehr langsam. — Bei der Stelle, Seite 10, 4. Zeile (quasi Timpani) sagte Er *„das ist Ihr Herzklopfen."* Seite 18, 4. Zeile nicht zu stark spielen, mehr brummend und anwachsend bis Seite 19, 2. Zeile. Diese Stelle spielte Er wieder selbst. Zum Schluß, Seite 24, beide Themen sehr hervorheben und brillant.

Das Präludium Nr. 7 von Chopin spielte der Meister köstlich vor, wie's gewöhnlich gespielt wird. Dann aber sagte er *„und es ist so hübsch"* und spielte es herrlich.

8. Seite 20 (Ossia), sagte er wieder bei den Läufen, *„nicht so* (und dabei machte er wieder die Bewegung, wie man sich die Zähne bürstet), *das mag ich nicht!"*. Er sagte noch zu Frl. Krause *„das hatte wenigstens Façon und ist nicht so schwankend!"*

## VII. Stunde

### Montag 16. Juni [1884] von ¹/₂4—6ʰ

1. J. Raff: Valse mélancholique
   F. Chopin: Drittes Präludium G-dur, op. 28         (Frl. Soñtag)
2. F. Liszt: E-dur-Polonaise[93]         (     )

[91] Marie Félicité Denis, (genannt Camilla) Pleyel. Gattin von Camille Pleyel.
[92] Sigismund Thalberg.
[93] 2 Polonaises, 2. E-dur. R 44.

3. F. Liszt: 1. Concert-Etude [94]                         (Frl. Jeschke)
4. J. S. Bach: 2 Präludien [95]                             (Hr. Berger)
5. A. Rubinstein: C-dur-Etude                               (v. d. Sandt)
6. F. Chopin: 2. Nocturne op. 15, Nr. 2, Fis-dur           (          )
7. F. Chopin: Scherzo 1. [96]                               (Frl. Fischer)
8. F. Liszt: Ungarischer Sturm-Marsch [97]                 (          )

1. *„Das köñen Sie übrigens spielen wie sie wollen; ist mir ganz gleich!"* (sagte er nach einigen Aussetzungen beim Walzer.) *„Nur nicht so affectirt und rubato".* Dabei spielte Er selbst das Thema köstlich sentimental, parodiert nach moderner Damen-Manier. — Beim Präludium sagte er, *„aber ich bitte Sie, nur nicht so hausbacken und schwerfällig."*

Er spielte es selbst köstlich leicht hingeworfen. — *„Sie müssen das doch ein bisschen studiren. Zwar ist es von den Claviermachern schrecklich, dass sie alle Töne nebeneinanderliegend gemacht haben. Und mein Bechstein ist an vielen falschen Noten schuld."* *„Princessin Elisabeth spielt sehr gut, aber sonst spielen viele Princessinen das viel besser als Sie."*

*„Nein, das geht nicht, das ist zu schülerhaft, schämen sie sich!"* —

2. Der Meister betonte, daß die Achteln der linken Hand mit gutem Rhythmus und Betonung gehört werden müssen und nicht als leere Begleitung gespielt werden dürfen. — Ferner muß die Hauptmelodie (gis, cis, cis, h) recht hervorgehoben werden und das zweite und dritte 16tel dagegen etwas verschwinden, damit die Melodie recht groß und breit herauskom̄t. — Seite 7, bei Eintritt des neuen Themas empfahl der Meister statt der Polonaisenbegleitung links, lieber Tremolos anzuwenden, da die ewig gleich rhythmisirte Begleitung sonst zu monoton würde. — Auch dieses Thema spielte der Meister selbst mit sehr großem Vortrage. Seite 12, 3. Zeile spielte er die letzten Sechzehntel sehr kurz und schnell, so wie ein Hauch über die Tasten fliegend. Dabei im̄er den Polonaisen-Rhythmus

gut hervorgehoben. — *„Diese Polonaise ist eines der abgeleiertsten Dinge, aber ich muß sie spielen lassen, sie liegt wie ein Alpdruck auf mir!"* —

3. Er drang darauf das Tempo ja nicht zu schnell zu nehmen und das ganze Stück, von dem Er selbst sehr viel spielte, und zwar bezaubernd innig und intim, mit grösster Innigkeit vorzutragen. —

4. Von dem Seite 21 (Peters) Liszt's Bearbeitung stehenden, spielte er selbst sehr viel und wie!! — Von dem Spieler sagte er, *„er sieht selbst aus wie der leibhaftige Kontrapunkt."*

---

[94] 3 Etudes de Concert. 1. R 5.
[95] Aus „Sechs Präludien u. Fugen für die Orgel". Für Klav. übertragen v. F. Liszt. R 119.
[96] H-moll, op. 20.
[97] R 54.

Der Meister erging sich in Bewunderung dieser Sachen und bemerkte, wie Ihm der Anfang eines Präludiums sehr an ein Werk Chopin's erinnere. — Er drang darauf, daß diese Stücke nicht zu trocken und gelehrt gespielt werden dürfen. — Als der Herr fertig war, sagte Er *„so jetzt nehmen Sie eine Prise Schnupftabak"* und rückwärts gewendet *„er spielt nämlich sehr solid!"* —

5. Der Meister nannte einige Sachen von Rubinstein, die er — besonders die Präludien — als gute Clavierstücke mit Effekt — bezeichnete. —

6. Der Meister spielte selbst einigemale den Anfang; er sagte, die Bezeichnung „sostenuto" sei vortrefflich gewählt, in dem diese Melodie nicht etwa zierlich gespielt werden dürfe, sondern mit sehr breitem Gesange vorgetragen werden müsse, jede Note bedeutend. —

7. Der Meister spielte selbst viel davon. Den Anfang ungeheuer rasch und capriciös wild, mit großen Einschnitten in den Passagen. Den Mittelsatz spielte er ungeheuer singend und ganz weltentrückt vor sich hin, so wie einen süßen Traum; darauf sagte er, *„im lieben Dresden spielt man das so"*, — jetzt betonte er die Achtel recht schwerfällig, wie's meist geschieht. —

Er sagte wieder, *„bringen Sie den Kopin nur recht zur Geltung!"*

Der Meister drang auf sehr fesches, frisches, übermütiges Tempo im ganzen Stücke.

Beim Bach sagte Er noch *„das klingt so holperig wie das Weimarerpflaster!!"*


## VIII. Stunde

### Mittwoch 18. Juni, [18]84, $^1/_2$ 4—6 $^h$.

| | |
|---|---|
| 1. F. Liszt: Polonaise E-dur [98] | |
| 2. R. Schumann: Humoreske op. 20 (ganz) | (v. d. Sandt) |
| 3. J. S. Bach — Tausig: D-moll Toccata | |
| 4. F. Chopin-Bülow: Walzer in As-dur op. 42. | ( ) |
| 5. F. Liszt: Siegesmarsch „Vom Fels zum Meere" [99] | |
|     F. Chopin: Polonaise op. 44 | (Petersen) |
| 6. G. Meyerbeer-Liszt: Robert-Fantasie [100] | (Rosenthal) |
| 7. A. Rubinstein: Album-Blatt (22. Portrait) | (Frl. Jeschke) |
| 8. F. Liszt: „Gaudeamus igitur" Humoreske. [101] | (Reisenauer) |

[98] 2 Polonaises. 2. E-dur. R 44.
[99] Deutscher Siegesmarsch. R 50.
[100] Réminiscences de Robert le Diable. R 222.
[101] R 200.

1. *„Wie man mir heute das noch bringen kann, ist mir unbegreiflich; schämen Sie sich — das spielt heute jedermann!"*

2. Der Meister hörte sehr aufmerksam und mit wohlgefälliger Miene zu. Er sprach wieder von dem falschen Metronom Schumann's.

3. Bei den Octavanschlägen im Anfange nieste der Meister jedesmal köstlich. *„Dieses Stück ist heute die ‚Esels=Brücke' der modernen Pianisten!"*

Bei den Passagen sagte er, nicht so „Maccaroni", sondern Bach: Besonders zeigte er Seite 3, letzte Zeile, wie die Octaven-Gänge abgeteilt werden müssen! Nicht in Einem fort gespielt werden dürfen. — *„Dieses Stück habe ich in der Saison mindestens ein Dutzendmal gehört. — Die Pianisten sind wie die Schafe. Wenn eines hineinspringt, so springen alle andern nach!"* Den Schluß ließ er von Reisenauer spielen.— Sehr voll und kräftig.

4. *„Schämen Sie sich, mir so etwas zu bringen! Das ist elendes Dilettanten-Futter, gegen die Composition natürlich sage ich nichts, die ist sehr schön!"* *„Die Königin von Rumänien spielt das viel besser als Sie!"* *„Auch die Princessin v. Schweden macht das gut."* — *„Um das zu lernen, brauchen Sie nicht zu mir zu kom̄en!"* *„Es ist merkwürdig, daß so wenige Leute den Walzertact spielen kön̄en. Das kom̄t davon, daß sie das dritte Viertel im̄er als unbedeutend verschlucken, während die 3 Viertel gleichen Wert haben. — Es kön̄en auch Wenige einen Walzer gut tanzen."* Dies zeigte er selbst.

*„Ich habe zwar in meinem Leben wenig Walzer getanzt, aber ich kanns. Den Mittelsatz müssen Sie nicht so gelehrt spielen, als wenn was besonderes dahinter wäre. Es ist ja das Einfachste von der Welt!"* Der Meister spielte selbst den Mittelsatz und sagte noch, *„ja, einen Strauß'schen Walzer z. B. gut spielen hören, gehört zu den größten Seltenheiten!"* —

5. Der Meister dirigierte den ganzen Marsch. Den Anfang sehr rasch. Beim Trio machte er eine köstliche Miene und Bewegung, wie wenn man sich den Schnurrbart wichst, ganz Reglementmäßig. — Es war einzig köstlich. — Die Petersen bat noch etwas spielen zu dürfen. Der Meister sagte, *„nein, nicht so viel!"* Sie gab nicht nach und kam noch mit der Polonaise. Der Meister wollte nur den Mittelteil hören. Sie bat aber und gab nicht nach und fing vom Anfange an. Da drehte sich der Meister zu mir und sagte, *„Bettelvolk".* Er war sehr ärgerlich. —

Die Mazur wünschte Er sehr gesangreich. — Den Anfang grandios und feurig stürmend! —

Wie sie fertig war, umarmte sie den Meister und wollte ihn küssen. — Er sagte, *„ja, ja, es ist schon recht, ich weiß schon Alles!"* —

6. Der Meister wollte die „teuflischen" Läufe zum Anfange recht sprühend und sagte, *„die Piccolos recht heraus".* Das Tempo ließ er sehr rasch nehmen. Das weitere Thema sehr graciös, tändelnd und sehr staccato. Im weiteren Verlaufe gab der Meister einige Varianten an.

7. Bei der grim̄igen Mittelsatzstelle sagte der Meister: *„Jetzt wütet das Gewitter im Kartoffelfelde."* Als diese Stelle aus war, *„jetzt ist das ganze Kartoffelfeld zerstört!"* — Beim Anfange und Schlusse mit einer köstlichen Bewegung, indem er die Hand ans Herz legte: *„ach, mein Herz!!"* — Er sagte noch, *„So,*

*das ist ein allgemein versöhnender Schluß, denn so teuflisch (mit Robert) könen wir doch nicht schließen."*

8. Die Stelle, Seite 6, ließ Er sehr langsam und sehr rubato nehmen. Ferner überall das Ossia. Besonders ließ er die Triolen im Ossia links, Seite 13, 4. und 5. Zeile, sehr hervorheben und spielte diese Stelle selbst sehr staccato und frisch, fast keck. — (auch Seite 14, 1. Zeile). Die Stellen, Seite 11, sehr staccato und nicht zu schnell, auch imer piano, besonders 4. Zeile, 5. Takt.

Der Meister liebt in der Cantilene oft Doppelschläge anzubringen. Die Bässe wünscht er imer deutlich und hörbar, nicht verschwomen. Bei Passagen will Er imer schöne Phrasierung, nicht „Maccaroni=Spiel". Als Beispiel, wie Läufe bei Bach oder Chopin nicht gespielt werden sollen, spielt er dañ gerne die erste Cramer=Etude und sagt *„das klingt ganz so."* Er ist überhaupt ein Feind von glatten und taktmäßigen Spiel, ebenso von zu „gefühlvollem" Spiele. Als vorigen Samstag in der Orch.-Schule [102] Friedheim das A-dur-Concert [103] spielte und Siloti dirigirte, sagte der Meister Tags vorher, indem Er die „Schule" einlud, *„wir wollen also morgen die Clacque machen und recht applaudiren."* —

Das Es-dur=Concert [104] und die 2. Rhapsodie [105] hört der Meister nicht an. —

In Wien sagte Er bei einem Besuche mit Frau Raab, *„ich werde einmal jetzt nach Retz gehen, das wird dañ der Schlußstein meines Reñomees sein!"* [106]

## IX. Stunde

am Freitag, 20. Juni, [18]84, $^{1}/_{2}$ 4 $^{h}$—$^{1}/_{2}$ 7 $^{h}$.

1. C. Cui: „Berceuse" (2 mal)                                   (          )
2. F. Chopin: E-moll-Concert op. 11, I. Satz                    (          )
3. F. Liszt: „Interludium" aus der Legende der heilig. Elisabeth [107] (Göllerich)
4. F. Liszt: 1. u. 3. Nocturne aus den „Liebesträumen" [108]    (Fr. Greipel)

---

[102] Großhzgl. Orch.- u. Musikschule in Weimar.

[103] F. Liszt. 2. Klavierkonzert. R 456.

[104] F. Liszt. 1. Klavierkonzert. R 456.

[105] Cis-moll. R 106, 2.

[106] Nach Anton Resch dürften tatsächlich einige Besuche Liszts in Retz stattgefunden haben. Am 12. November 1961 wurde eine, vom Männergesangverein Retz gestiftete Gedenktafel am Elternhause Toni Raabs, Hauptplatz 25, die an Besuche Franz Liszts erinnert, enthüllt. Vgl.: Anton Resch, Franz Liszt in Retz. In: Volks-Post. 16. Jg., Nr. 50. 16. 12. 1961, bzw. W. Jerger: August Göllerich, Schüler und Interpret von Franz Liszt, in: OÖ. Heimatblätter Jg. 26/1972 (Linz), S. 24.

[107] Vier Stücke aus der Legende Die heilige Elisabeth. 4. R 334.

[108] 1. Hohe Liebe („In Liebesarmen"). 3. „O lieb solang du lieben kannst." R 211.

5. R. Schumann: C-dur-Fantasie op. 17. I., II. und III. Satz      (v. d. Sandt)
6. F. Liszt: Mephisto — Polka [109]                              (Frl. Krause)
7. F. Chopin: Fis-dur-Impromptu op. 36      (Hr. Karék) [Marek, Louis?]
8. R. Schumann: „Liebes-Lied" [110]                              (            )
9. R. Joseffy: „Transcription" über die „Sylvia-Polka"            (Liebling)
10. X. Scharwenka: Concert [111]. Alle 3 Sätze      (Sauer und Reisenauer)
11. F. Liszt: I. Polonaise [112]                                 (            )

1. *„Ganz hübsch, nur gut phrasiren und graziös!"*
2. *„Die Passagen nicht wie die ‚Cramer-Etude'."* *„Madame Essipoff macht das anders und sie hat recht."* — Der Meister spielte selbst die Passagen sehr eingeschnitten und markirt; die Cantilene aber sehr sangvoll, *„das muß vorgesungen werden, nicht so schwach und leer!"* — *„Mit der Bescheidenheit komen Sie da nicht aus. Da muß man, wenn man bescheiden sein will, hübsch zu Hause bleiben."* — *„Einige Prinzessinnen spielen das besser; nur nicht so Alles verwischen!"*
3. Den Anfang mit dem Octaventhema ja nicht zu langsam. Das Elisabeth-Thema hierauf ziemlich schnell und feurig! — bis zur 5. Zeile, Seite 163, wo beim neuen Thema das Tempo langsamer wird, wie ich's imer nahm.

Der Meister sagte bei dieser Stelle, *„sehr gut"*, und zwar oftmals. Seite 164, letzte Zeile, 1. Takt, sagte Er, fortwährend zuhörend, wieder *„sehr gut"*. Nun beim marcato dirigirte er wieder, und zwar so in demselben Tempo wie früher beim 1. Eintritt des Elisabeth-Themas, also ziemlich schnell und kräftig. — Er hörte fortwährend aufmerksam zu. — Seite 165, 5. Zeile, 2. und 3. Takt, sagte Er, *„gestoßen!"* Nun hörte er wieder sehr aufmerksam zu, war mit dem Vortrag des Cantando ganz zufrieden (er nickte fortwährend zustimmend). Bei der von mir imer sehr from gespielten Stelle, S. 166, 5. Zeile vom 2. Takt an, rief er mir wiederholt zu *„einfach, ganz einfach!"* — Nun ließ Er mich wieder ohne Bemerkung weiter spielen. Seite 167, 5. Zeile vom 2. Takt an, dirigirte er wieder forttreibend; beim Wiedereintritt des ungarischen Themas dirigirte Er wieder fest und feurig, aber nicht zu rasch, so daß das Thema sehr präcis herauskomt. — Das Elisabeththema Seite 170 dirigirte Er (alla breve) sehr rasch und feurig bis zum Andante. — Die letzten 3 Zeilen vor diesem ließ Er mich wieder ganz allein spielen. Bei dem Bass-Thema, das anwächst, verlangte er dasselbe schon zu Anfang, als es eintritt, ziemlich hervorgehoben, nicht zu sehr piano. Beim Schlusse, als es angewachsen ff komt, dirigirte Er wieder mit. Als ich fertig war, applaudirte Er lebhaft und sagte, *„ganz gut und famos gespielt, bravo!"* —

[109] R 39.
[110] Übertragen v. F. Liszt. R 253.
[111] Scharwenka schrieb 4 Klavierkonzerte.
[112] 2 Polonaises. 1. C-moll. R 44.

4. Das 1. Nocturne spielte der Meister unvergeßlich bis Seite 6, 4. Zeile. Er sagte, *„Sie müssen das ganz entrückt spielen, so, wie wenn Sie gar nicht am Claviere säßen, ganz weltenverloren; nicht 1, 2, 3, 4 wie im Leipziger Conservatorium!"* — Er spielte erst bei dem crescendo Seite 6, etwas stärker und leidenschaftlicher. — Die folgende Stelle, quasi Arpa, spielte er ebenfalls vor, so daß das Thema recht hervortrat, in dem Er imer mit den Harpeggien einen kleinen Augenblick wartete! Beim Triller, Seite 7, sagte Er, *„nehmen Sie den mit recht vielen Noten"*; er zeigte ihn selbst. — Die vielen a in der 2. Zeile, Seite 6, begann Er stark und ließ sie sehr vibrirend ganz verklingen. Seite 8, 4. Zeile, wo das Thema die linke Hand hat, drang er darauf, daß das letzte Viertel des Themas ja nicht zu kurz, als quasi Vorschlag zum 1. Viertel des nächsten Taktes genomen wird. — Seite 10, 2. Zeile, wollte er die Passagen ja nicht zu schnell genomen haben. Er zeigte sie ganz langsam und wieder ganz entrückt. — Beim 3. Nocturne drang er auf ziemlich bewegtes Tempo; *„Sie müssen das mehr spielen ‚o lieb‘, so lang Du lieben magst‘, so heißt‘s meistens und es dauert gewöhnlich nicht sehr lang, also spielen Sie‘s etwas leichtfertiger!"*

5. Am Schlusse des 1. Satzes sagte der Meister von den letzten 16 Takten ganz entzückt, *„das kann ich nie ohne Rührung hören, das ist wunderschön, nicht Musik-Macherei!"* — *„Das gehört einer höheren Region an!"* *„Sie müssen das ganz abwesend, ganz einfach, ruhig und unbewußt spielen."* —

Beim „Marsch" sagte er, *„nun spielen Sie das mit den unangenehmen Dingen"*. Beim 2. und 3. Satz sagte Er, *„nun, Schumann hat auch manches getrieben. — Das ist nicht Schumannisch, sondern mehr ‚Stiefelmannisch‘ und ecklig zu spielen."* — Beim letzten Satze, *„nun da haben Sie wohl einige falsche Noten gespielt, aber höchstens 3 oder 4. Sonst fängt‘s gewöhnlich mit dem Dutzend an."* — Zu einer alten Dame sagte der Meister, *„sehen Sie, lauter ‚Pianisten‘, ja, die spielen Alle Clavier!"*

6. *„Nicht zu schnell und so spielen, als ob Sie sich um Niemanden kümern würden; nicht um dem Publicum Interesse zu erwecken!"*
*„Dieses Stück ist speciell für das Leipziger Conservatorium componirt. Spielen Sie nur um sich selbst bekümert und gar nicht brillant"*. Beim „F" am Schlusse lachte der Meister köstlich und sagte, *„das könen Sie übrigens auch weglassen, wenns Ihnen beliebt."*

8. Der Meister spielte den Gesang mit größter leidenschaftlicher Innigkeit und preisend!

9. *„Ein nettes Stückchen, aber musikalisch genomen mir ganz unleidlich"*.
11. Der Meister wünschte den Polonaisen=Rhythmus imer betont. Seite 17, vom letzten Takt der 3. Zeile an, spielte Er selbst großartig, mit breitestem Gesange und voll Leidenschaft und Feuer!!!

Beim Fortgehen, als ich mich verabschiedete, sagte der Meister, indem Er mir die Hand gab: *„très bien!!"* —

*„Die Herrschaften, die Sontag nicht in Belvedere sind, lade ich ein, um 3 h zu komen. Komen sie Alle, nun, so werden Alle gerne gesehen."* —
(36 Personen anwesend)

# X. Stunde

Soñtag, 22. Juni, [18]84, von 3—5ʰ.

1. C. Tausig: Concert-Etude 2mal (Fis-dur) ( )
2. G. Sgambati: Prélude et Fugue ( )
3. W. Zelénski: Mazurka ( )
4. J. Raff: Rigaudon ( )
5. J. Strauss-Tausig: Nachtfalter [113] (Hr. Berger)
6. J. S. Bach: H-moll-Präludium und A-moll-Fuge [114] ( )
7. F. Liszt: E-moll-Rhapsodie Nr. 5 (Héroïde élégiaque) [115] (Hr. Riesberg)
8. F. Liszt: 3. Mephisto-Walzer [116] (Frl. Jeschke)

1. *„Sehr hübsches, feingemachtes Stück, noble; nicht zu langsam und mit guter Pharasir[un]g."*

2. *Sgambati hat für die Fuge einen alten Choral (katholisch) verwendet."*
Er brachte ein altes Gebetbuch, worin Er nachsah. *„Übrigens ist Sgambati ein intelligenter Musiker; das Präludium könnte einen Gounod brauchen."* — Der Meister setzte sich hin und sang dazu das Lied *„ach, wie wär's möglich dann"*!! —

4. *„Das müssen Sie mit etwas mehr Grütze spielen."* — —

5. *„Sie spielen ja das wie ein solider Familien-Vater."* *„Ich nehme das nicht so rasch."*
Der Meister spielte das Thema selbst und sagte *„Diese Wiener sind halt doch verflixte Kerles!"* Er unterhielt sich beim ganzen Stücke köstlich und machte im̄er zu den einzelnen Stellen köstliche Späße. — Ganz unvergleichlich spielte Er die Stelle mit der Finger-Wechslung! — — Er sagte auch noch *„Sie müssen da mehr Hof machen, nicht so solid spielen!"* —

6. *„Spielen Sie das nicht so konservatorisch".* *„Station Riesa oder Brühler-Terrasse!"* —

7. *„Das ist ein militärisches Stück! Wie beim Leichenzuge eines großen Majors".* — Er spielte selbst einige Stellen sehr getragen und klagend — feierlich. —

8. *„Ich werde Ihnen die Kritik sagen, die Sie bekom̄en werden, wenn Sie das in Concerten spielen. Da wird's heißen, sehr talentierte junge Dame, viel Technik! — Nur schade, daß sie sich mit solchen schlechten Sachen abgibt. Der Componist scheint ja nicht einmal die Anfangsgründe der Harmonielehre und des strengen Satzes, studiert zu haben. — Schon dieser Anfang zeigt ja das!"*

[113] Nouvelles Soirées de Vienne-Valses caprices d'après Strauss.
[114] Aus „Sechs Präludien und Fugen für die Orgel." Für Klav. übertragen v. F. Liszt. R 119.
[115] R 106, 5.
[116] R 38.

## XI. Stunde am

Freitag, den 27. Juni [18]84, von
1/₂4—6ʰ.

1. F. Liszt: Feux-follets [117]                              (          )
2. J. S. Bach: Ouverture und Gavotte v. J. S. Bach
   arrangiert v. Saint-Saëns.
3. F. Schubert-Liszt: Wanderer-Fantasie [118]

   (Burmeister, Reisenauer, Petersen)
4. F. Chopin: F-dur-Ballade op. 38                          (Burmeister)
5. F. Liszt: Rhapsodie espagnole [119]                      (Hr. Piutti)
6. F. Chopin: Rondo [?]                                     (          )
7. F. Liszt: Dante-Fantasie [120]                           (Hr. v. d. Sandt)
8. G. F. Händel: „Aus Almira". [121]                        (Frl. Sonntag)

3. Den ersten Satz ließ der Meister sehr fesch spielen. — Das Adagio spielte Er
selbst! Aber wie! — — — Im weiteren Verlauf, wo die Einteilung schwerer
wird, spielte Er selbst das 2. Clavier ziemlich lange fort. — Er sagte dabei *„da
hat man zu thun, daß man nicht mit dem Orchester auscinanderkomt. In Wien*
[1874] *habe ich diese Stelle oft und oft probiren müssen."* — Beim Scherzo
zeigte er, wie jedes Viertel des Themas gehört werden müsse und wie es nicht
gehudelt werden dürfen, besonders die zwei ersten Viertel des jeweiligen 5. Taktes müssen beide ihrem Werte nach gespielt und darf das erste davon nicht verschluckt werden. Bei der Fuge ließ Er den Baß verdoppelt nehmen, so daß das
Thema sich so über 3 Oktaven ausdehnt und mächtiger erklingt.

6. Der Meister spielte selbst das Thema mit *„viel Grütze",* wie er sagte.

7. Bei den getragenen Stellen drang der Meister, selbst dirigierend, auf nicht
zu gezogenes Tempo, so wie er die feurigen Stellen ebenso nicht überhasten
ließ. — *„Schlechte Musik!"* —

8. Nie zu langsames Tempo, sondern meist ziemlich bewegt.

5. *„Wenn Sie das einigemale im Concert gespielt haben werden, wird sich
auch die nötige Verve einstellen."*

[117] Etudes d'exécution . . . R 2b, 5.
[118] Große Fantasie op. 15 (Wandererfantasie) von F. Schubert. R 375.
[119] R 90.
[120] Années de Pèlerinage. Deuxième Année. 7. R 10b.
[121] Sarabande und Chaconne aus dem Singspiel „Almira". R 25.

## XII. Stunde am Montag,

### 30. Juni, [18]84. $^1/_2$4—6$^h$.

| | |
|---|---|
| 1. C. M. v. Weber: D-moll-Sonate op. 49, 1. Satz | (Hr. Berger) |
| 2. F. Liszt: Sonett. Nach Petrarca [122] | ( ) |
| 3. L. Brassin: „Feuerzauber" | (Frl. Fischer) |
| 4. F. Chopin: F-moll-Ballade Nr. 4, op. 52 | (Frl. Jeschke) |
| 5. F. Chopin: E-moll-Fantasie op. 49 | (Petersen) |
| 6. R. Wagner—Liszt: Tañhäuser-Ouverture [123] | ( ) |
| 7. W. Zeleński: Mazur | |
| M. Mosonyi: Mazur [124] | ( ) |
| 8. F. Liszt: „Sposalizio" [125] | (Frl. Krause) |
| 9. E. Grieg: Violin-Concert I. Satz [126] | |
| 10. J. Brahms: Paganini-Studien [127] | (Rosenthal) |

1. *„Hier komt zum ersten Male eine Cantilene in der linken Hand vor"; „das hatte bis Weber noch keiner geschrieben, das war ganz neu!" — „Diese Sonate verlange ich mir weniger, sie ist doch theilweise schon sehr veraltet". „Hingegen sind herrlich für mich die C-dur- und As-dur-Sonate."* Das Anfangsthema spielte der Meister selbst titanenhaft. Er sagte dabei *„das müssen Sie spielen wie ein ‚Tiger'!" „Hier steht ‚Allegro feroce', eine treffende Bezeichnung, die man bis dahin noch nicht kannte und die auch sonst nicht wieder geschrieben wurde. Nur ich habe diese Bezeichnung nachgeschrieben."*

Bei dem ganzen Stücke, drang der Meister auf äußerst feurig-bewegten Vortrag.

3. *„Diese Bearbeitung ist ziemlich bequem und man echauffirt sich nicht dabei."* — *„Brassin liebte solche behagliche Arrangements. Er hat das Stück zuerst mir auf der Altenburg vorgespielt. — Bei dem Vertrags-Motiv, mit dem das Arrangement beginnt, sagte Er ‚jeden Ton für sich bedeutend spielen, nicht die einzelnen Töne zusammenziehen.' Beim Schlusse sagte er ‚das nehme ich viel langsamer, ganz ruhig'."* Er spielte selbst den eigentlichen Feuerzauber vor. *„Die Baß-Melodie (Wotans Abschied) muß sehr gesungen werden!"*

6. Der Meister sah den Metronom nach und ließ den Pilgerchor ziemlich bewegt spielen. Beim Venuslied spielte er selbst die Melodie immer hinreißend mit. Er hörte das Ganze mit sichtlichem Wohlgefallen an und sagte *„nun das muß ich selbst sagen, dieses Arrangement ist nicht schlecht gemacht. —"*

---

[122] Vgl. Années de Pèlerinage. Deuxième Année. 4—6. R 10b.

[123] R 275.

[124] Vgl. R 110.

[125] Années de Pèlerinage. Deuxième Année. 1. R 10b.

[126] Hier dürfte es sich vielleicht um eine Sonate für Violine und Klavier handeln, die Grieg in dieser Zeit Liszt vorlegte. Vgl. Lachmund, S. 83.

[127] 28 Variationen über ein Thema von N. Paganini op. 24.

„[Sophie] *Menter spielte es. Erst jetzt aber machen sich Mehrere daran und es wird öfter gespielt.*"

8. Das Tempo im Anfange bis zur G-dur-Stelle nicht zu langsam.

10. Bei einer Variation sagte der Meister *„das ist das Maikäfer-Rauschen!"* — Bei einer Anderen *„nun kom̄en natürlich die Rosen"*, *„das ist süße, labende Milch"*.

Überhaupt lachte der Meister wiederholt über das Werk. *„Es freut mich, daß ich Brahms bei seinen Variationen durch meine habe dienen köñen; (!!) macht mir viel Vergnügen!"* — [128]

XIII. Stunde, am Mittwoch,

den 2. Juli [18]84, ¹/₂ 4—6.

| | |
|---|---|
| 1. A. Rubinstein: Valse (n. Freischütz) | ( ) |
| 2. F. Liszt: Nr. 3. des III. Jahres [129] | ( ) |
| 3. C. M. v. Weber: D-moll-Sonate op. 49. II. u. III. Satz | (Hr. Berger) |
| 4. R. Schumann: Novelette (aus op. 21) | (Sauer) |
| 5. F. Chopin: Polonaise-Fantasie op. 61 | ( ) |
| 6. A. Rubinstein: „Mazur" op. 5, Nr. 86 | |
| M. Moszkowski: „Polonaise" op. 11, Nr. 1 | ( ) |
| 7. J. Zarembsky: „Mazur" vierhändig. | (Siloti und Reisenauer) |
| 8. F. Liszt: Pester-Carneval [130] | ( ) |
| 9. F. Mendelssohn: Paraphrase über den „Sommernachtstraum" [131] | |
| | ( ) |

2. *„Sehr düster und ziemlich langsam!"*

3. *„Da ist Vieles sehr schön, aber das Meiste schon veraltet."*

4. *„Diese Noveletten sind ganz reizende Stücke".* Der Meister drang auf großes Feuer und sehr markiertes Spiel.

---

[128] Vgl. R 3a.

[129] Années de Pèlerinage. Troisième Année. 3. Aux Cyprès de la Villa d'Este, Thréno-die (Andante non troppo lento). R 10e.

[130] Ung. Rhapsodie Nr. 9, R 106 od. 309.

[131] Hochzeitsmarsch und Elfenreigen aus der Musik zu Shakespeares Sommernachts-traum. Übertragungen v. F. Liszt. R 219.

5. Der Meister betonte, daß dieses Stück ausnahmsweise sehr unklaviermäßig gesetzt sei und der Claviersatz sehr widrig sei.

8. Er drang darauf, daß gleich der Anfang sehr kräftig erklänge. — Bei der Basstelle des Finales machte der Meister eine köstliche, schnarchende Bewegung mit dem Kopfe und brum̄te dazu im̄er. — Die Dame spielte sehr kräftig und der Meister sagte *„ja, ja, das ist das schwache Geschlecht!"*

9. *„Dieses Stück wird sogar schon in Conservatorien gespielt, das spielen Tausende besser als Sie."*

## XIV. STUNDE, Freitag,
### 4. Juli, [18]84 $^1/_24$—$^3/_46^h$.

| | | |
|---|---|---|
| 1. F. Liszt: a. „Consolation" A-dur. [132] | | |
|     b. Vogelpredigt" [133] | | |
|     c. „Scherzo" [134] und Finale [Marsch] an Kullak | ( | ) |
| 2. A. S. Dargomyschskij: Tarantella [135] gesetzt von Liszt | (Frl. Soñtag) | |
| 3. F. Liszt: 4. Rhapsodie [136] | (Hr. Riesberg) | |
| 4. F. Liszt: VIII. Rhapsodie [137] | ( | ) |
| 5. F. Chopin: E-moll-Concert op. 11 (1. Satz) | | |
| 6. F. Liszt: I. Valse oubliée [138] | ( | ) |
| 7. L. v. Beethoven: E-moll-Sonate op. 90. 1. Satz und Adagio | | ) |
| 8. R. Schumann: E-dur-Novelette op. 21, Nr. 7. | (Fr. Petersilia) | |
| 9. F. Chopin: A-moll-Etude op. 25, Nr. 11 | (Sauer) | |
| 10. 4händige Walzer [139] | (Krause und Reisenauer) | |
| 11. N. Paganini—Liszt: [140] „Campanella" | ( | ) |

1b. Neuer Schluß!! Die Triller sehr lange und klingend. Die Recitative gut hervorheben. —

1c. *„Kullak war hierüber desparat; das hat man davon, wenn man Dedicationen macht! Tausig ist einigemale mit diesem Stücke durchgefallen; erst*

[132] R 12.
[133] Siehe Anm. 66.
[134] R 20.
[135] Tarantelle ... übertragen von F. Liszt R 148.
[136] R 106.
[137] R 106.
[138] Trois Valses Oubliées. R 37.
[139] Vielleicht von Marie Jaëll. Vgl. „Sonntag, 8. Juni 1884."
[140] F. Liszt: Bravourstudien nach Paganinis Capricen. 3. Etude „La Campanella".
    R 3a.

*Bülow hat es dann öfter gespielt.*" Der Meister drang insbesondere auf gute Beobachtung aller „Kappen". Das Tempo des Marsches nicht zu langsam und im̄er sehr rhythmisiren. —

2. *„Es ist ganz ein reizendes Stück und von mir gut gemacht."* — *„Wer hat Sie denn zu dem verführt"?* —

3. *„Nach den ersten Takten muß das Publikum schon ganz weg sein von Ihrem Kön̄en und Respekt haben!"* Der Meister spielte selbst einige Stellen.

4. Das Finale spielte Er selbst einigemale und betonte, daß das Tempo ja nicht zu schnell genom̄en werden dürfe, da sonst Alles verschwom̄en und etudenmäßig klingt.

7. Der Meister sagte, indem Er das 1. Thema spielte *„das muß ganz einfach gespielt werden, ja nicht zu sentimental und ‚vorgetragen'". „Es gibt Sachen, die ganz einfach gespielt werden müßen und wo man gar nichts hineinlegen darf."* —

Das Adagio spielte er sehr klingend und legato; ja nicht die Viertel betonen.

5. Er sagte bei einer Stelle *„diese Bässe sind ganz schlecht; wenn mir das jemand bringen würde, so schicke ich ihn einfach fort. Und doch klingt es sehr gut. Chopin hat das aber natürlich mit Absicht so gemacht."*

6. *„Ich habe noch einen 4. Valse oubliée gemacht!"* [141]

8. Bei der Terzen-Stelle sagte Meister *„da haben wir ja wieder das Brahms'-sche ‚Maikäfer-Rauschen'!"* Er drang darauf, daß bei den Oktaven jedes Viertel gut gehört wird. —

9. Bässe immer sehr stark und der Rhythmus scharf heraustretend.

11. Rasches Tempo.

    A. Rubinstein: Barcarolle G-dur              (       )

12. *„Da hat sich's Rubinstein wohl sehr bequem gemacht! Klingt übrigens recht hübsch."*

Der Meister wurde sehr böse, da ihm jemand sagte, er kön̄e es nicht, wie es der Meister wolle. *„Solche Leute kann ich nicht brauchen; das ist ein Spiel wie's eben für Tanten und Cousinen im Familien-Kreise paßt."* —


## XV. Stunde, am

### Montag, den 6. Juli [18]84, 1/24—6ʰ.

1. James Kwast: Concert-Walter (2mal)             (       )

2. F. Chopin: F-dur-Präludium op. 28, Nr. 23      (       )

3. F. Chopin: E-dur op. 10, Nr. 3 und E-moll-Etude op. 25, Nr. 5    (Berger)

[141] Vgl. den Satz bei R 37: „Göllerich II, 289 nennt eine 4. ungedruckte Valse oubliée, ohne nähere Angaben". Vgl. hierzu „Zusätze zu Bd II." S. 8, R 37.

4. A. Rubinstein: Ballet-Musik aus „Dämon" [142]        (Riesberg)
5. F. Liszt: „Wilde Jagd" [143]        (Frl. Jeschke)
6. F. Schubert: „Gretchen am Spinnrad" [144]        (      )
7. V. Bellini-Liszt: Somnambula-Fantasie [145]        (Hr. Klahre)
8. J. S. Bach: Chromatische Fantasie und Fuge [146]        (      )
9. X. Scharwenka: Variationen op. 83        (Frl. Krause)
10. R. Wagner-Tausig: Siegmunds Liebesgesang [147]
     R. Wagner-Liszt: Feierlicher Marsch aus Parsifal [148]        (Frl. Fischer)

1. *„Hübsches Concertstück"* *„Machen Sie nur nicht mit dem Kopfe fortwährend den Metronom nach! Das ist jetzt bei Herren und Damen schrecklich beliebt geworden und ich kann's nicht leiden; ich werde gleich wieder den Fotografiestünder holen lassen."*
Neulich wandte ihn der Meister factisch an. —
2. Sehr rasches Tempo und die Passagen spielte der Meister selbst sehr einschneidend. Er karikierte auch die legere Art mit der solche Sachen gewöhnlich gebracht werden, indem Er eine Polka köstlich, üb.[er] das Thema spielte. *„Pfui Teufel, was seid ihr für Leute!"* *„Das ist ja wie Kraut und Rüben."*
*„Dieses seelenvolle Kopfwackeln hat die göttliche Clara [Schumann] auf ihrem Gewissen!"* —
3. Die E-dur-Etude spielte der Meister selbst zum großen Theile. — In der Ausgabe war eine Metronom-Angabe, die ganz falsch war. — Er nahm das Tempo sehr langsam und breit und sang mit wunderbarem Mienenspiele ordentlich mit bei dem Hauptthema! — *„Diese Etuden, die mir gewidmet sind, kenne ich seit 50 Jahren auswendig."* —
Bei der E moll-Etude ließ Er die Oktaven sehr bedeutend spielen und nicht so zierlich, *„das ist wieder echt leipzigerisch! — "* sagte Er. —
Die Bässe sehr brausend!
4. *„Das geht wie eine Dampf-Mühle!"* *„Ich ließ mir's oft von Rubinstein in Rom vorspielen".* — *„Dieses Stück ist ganz unterhaltend!"*
5. Sehr rasch und wild! —
6. Mit großer Steigerung.
7. *„Vor 10 Jahren habe ich oft diese Dummheit in Pest gespielt."* — Die erste Seite spielte der Meister selbst, indem Er sagte, *„das ist nur dazu da, bis sich die Herrschaften versam̄elt und ausgeschneuzt haben! So, jetzt sitzt Alles!"* —

---

[142] Aus dem Bühnenwerk „Der Dämon".
[143] Etudes d'exécution ... 8. R 2b.
[144] Lieder 8. Übertragen v. F. Liszt. R 243.
[145] Fantaisie sur de motifs favoris de l'opera La somnambula. R 132. In der Ausgabe v. H. v. Bülow.
[146] Vgl. BWV 903.
[147] „Die Walküre". Bearb. v. C. Tausig.
[148] Feierlicher Marsch zum heiligen Gral aus „Parsifal". R 283.

Das erste Thema nicht zu schnell. Der Meister erzählte die Geschichte von dem 6. Finger zwischen 4. und 5. — bei dem Triller. Er sagte auch, *„trillern Sie nur recht, das Publicum muß darauf komen bei dieser Stelle, warum es doppeltes Entrée hat zahlen müssen!"* — Den langsamen Satz spielte der Meister unvergleichlich schwermütig und herrlich schön, sehr langsam. Das ganze Stück freute Ihn sichtlich ungeheuer und Er taktirte, ja sang sogar an Stellen den italienischen Text mit. —

8. *„Das Stück mag ich nicht, obwohl ich weiß, daß es herrlich ist. — Es ist mir zu wenig Novität."* Den Anfang spielte Er selbst, indem Er sagte, *„nicht so zierlich, sondern stark und kraftvoll."* — Bei einigen Stellen sagte er, *„nicht so virtuosenhaft blendend, sondern mehr wie die alten Herren waren!"* — Bei den Recitativen *„das spielen Sie ganz frei, wie es ihnen eben einfällt."* — *„Die Fuge ist nicht schwer."* *„Ich gebe Ihnen 2 Regeln für das Fugenspiel. 1. Die Fugen so, wie man's bei der Orgel thun muß, imer gleich aufheben, und 2. das Thema imer in der gleichen Rhythmisirung bringen."* Er drang sehr darauf, daß hier das Fugenthema mit der genauen Bülow'schen Bezeichnung gebracht wird, wo auf der 4. Note ein Punkt steht. *„Sonst ist es Pappe!"* —

9. *„Ist ein gutes Stück, könte sich aber im Nachlasse Schumanns oder Mendelssohns finden."*

10. Er drang darauf, daß im Anfange die Achteln des Basses recht gebunden werden. — Der Meister machte Niemann [149] nach, wenn er das singt. — Die Steigerung und die Liebesmotive ließ Er sehr hervorheben und agirte mit großer Leidenschaft mit! —

Er empfahl sehr die „Rheintöchter" von Rubinstein (Jos.) und sagte, daß alle Rub[instein]'schen gut seien, aber die Brassin'schen schon dankbarer. — Beim Marsch ließ Er das Tempo ziemlich bewegt nehmen und sang das Glockenthema mit. — Die Takte nach dem Gralthema ließ Er sehr rasch und kräftig nehmen. Vom Gralthema und Mitleidspruch sagte er, *„das sind uns sehr wohlbekannte Intervalle, die habe ich oft und oft geschrieben! Z. B. in der ‚Elisabeth'. — Wagner sagte auch, ‚nun, du wirst schauen wie ich Dich bestohlen habe!' — Übrigens sind das katholische, alte Intervalle und also hab's auch ich es nicht erfunden. —"*

---

[149] Albert Niemann (1831—1917), Heldentenor.

WEIMAR
16. Juni 1885 — 27. Juni 1885

## I. Stunde am 16. Juni [18]85
### von 4—6 h Dienstag.

| | |
|---|---|
| 1. F. Liszt: 3 Consolations in E-dur [150] | (Frl. v. Liszt) |
| 2. F. Liszt: Funérailles [151] | (Ansorge) |
| 3. R. Schumann: Toccata op. 7 | (Frl. Sothman) |
| 4. Jules v. Zarembsky: Polonaise | (Frl. a. d. Ohe) |
| 5. F. Liszt: Scherzo und Marsch [152] | (Stradal) |

1. Der Meister zeigte sehr viel und spielte auch noch den Anfang der anderen Nummern. Namentlich die große in As-dur (eine ganze Seite). Er drang darauf, daß die betreffenden 16tel von $1/4$ Noten desselben Tones nicht zu kurz genommen werden, was sonst *„echt leipzigerisch"* sei, und Er nahm mit taktiren ziemlich schnelle Tempi.

2. Gleich den Anfang sehr schwer nehmen. Das Trauerthema ungeheuer schleppend und schwer. Bei der Triolenfigur, die in den Bässen festgehalten wird, sagte Er: *„das ist eigentlich eine Imitation Chopin's aus der bekannten Polonaise; ich habe es hier aber etwas anders gemacht."* Er spielte viel davon. *„Der Componist hat kein Conservatorium absolviert, das sieht man!"*

4. Das Fräulein spielte ein sehr interessantes Präludium, das dem Meister sehr gefiel. Er machte köstlich die Manier der gewöhnlichen „Präludien in der Tonart nach". *„Chopin ist natürlich immer unvergleichlich, aber seit Chopin weiß ich Niemanden, der so fein und nobel den echt polnischen Ton getroffen hätte wie Zarembsky. Er wird aber gar nicht gespielt, das ist übrigens Schumann auch nicht anders ergangen. — Diese Sachen machen mir immer viel Vergnügen."*

5. *„Kullak schrieb mir damals einen sehr liebenswürdigen Brief, dessen Sinn aber war — er wisse nichts anzufangen mit dem Stück — wie Henselt mit dem Concert — Solo [153]. Bülow ist einige Male damit durchgefallen, — natürlich, das kommt schon vor. Tausig spielte es sehr gerne."* Die Vorschläge sehr schwebend, die Staccati links am Anfange nicht zu stark, die 16tel auf der 2. Seite sehr gleichmäßig und die rhythmischen Akkorde links ungeheuer breit. Beim Marsch das Thema sehr leicht und förmlich gesprungen — das ff. bis zum Schlusse aufsparen.

*„Ich empfehle mich Ihrem weiteren Wolwollen"* sagte Er am Schlusse der Stunde. *„Das nächste Mal spielen Sie auch etwas"* sagte Er zu mir.

5. Die schöne innige Phrase im Marsch bezeichnete der Meister als im Schubert'schen Geiste gehalten.

[150] R 12. (Bei Göllerich II, 286 Nr. 2, 5, 6.).
[151] Harmonies poetiques ... 7. R 14.
[152] R 20.
[153] F. Liszt: Großes Konzertsolo. R 18.

Donnerstag, 18. Juni [1885], 4 h
Quartett Kömpel [154] beim Meister

1. F. Smetana: „Aus meinem Leben" [155]                    (        )
2. F. Liszt: „Angelus" [156]                               (        )
3. L. v. Beethoven: C-dur Quartett mit Fuge op. 59         (        )

1. Nach dem ersten Satz sagte der Meister, *„das ist ganz einfach sehr schön!"* Vorher wurde ein sehr rührender Brief Smetanas an Kömpel über seine Taubheit geschrieben, von Dr. Gille [157] vorgelesen; darin sagt Smetana, daß er Alles Liszt verdanke und das hohe E der 1. Violine im letzten Satze als Pfeifen der Lokomotive aufzufassen sei, wie es beim Beginne der Taubheit ihm immer im Ohre war. —

2. wurde wahrhaft schön gespielt. Nach 1. sagte Er zu Gille: *„das Stück verdient die Celebritätstaufe in Jena zu erhalten — denn in Jena muß man gespielt werden, um berühmt zu sein".*

3. Der Meister war herrlich anzuschauen und sprach kein Wort während des ganzen Quartetts. — Lassen [158] meinte, das Fugenthema sei aus dem Allegro der Egmontouvertüre, worauf der Meister sagte, *„ja, oder aus der C-moll Symhponie oder aus dieser Etude von Cramer,"* die er gleich am Claviere spielte. *„Dann ist der A-dur-Akkord aus ‚Lohengrin' und der C-dur-Akkord mit dem selben Rechte aus ‚Freischütz'."* Nach dem Angelus wurde Bowle und Torte herumgereicht und Rosenthal [159] spielte sehr hübsch seine Studie über den Chopin'schen Minutenwalzer [160]. Der Meister sagte, *„es sei sehr hübsch und geistreich gemacht, hübscher als die Joseffy'sche* [161] *Studie".* Er erzählte, daß Er in Pest zum Schiedsrichter aufgestellt worden sei zwischen Joseffy und einem Pester, dem Joseffy nach der Meinung der Firma Breitkopf u. Härtel seine „Zutaten" abgeschrieben haben sollte. *„Ich entschied zu Gunsten Joseffy's und sagte der Firma, sie könne es ruhig weiter drucken."* Er meinte, das Stück schließe zu rasch und Rosenthal solle noch einen Schluß hinzucomponiren; Er selbst improvisirte 3 Schlüsse am Claviere.

---

[154] Konzertmeister in Weimar und Primarius eines Streichquartetts.

[155] II. Streichquartett E-moll.

[156] Für Streichquartett R 473 vgl. R 10e.

[157] Hofrat Dr. Gille (1813—1899). Vgl. R 541 f. Gille war Vorsteher des „Akademischen Concertes" in Jena. Er spielte lange Zeit im Musikleben Jenas die führende Rolle. Bei der Gründung des Liszt-Museums wurde er der erste Kurator. (Nach R 541 f.).

[158] Hofkapellmeister Edouard Lassen.

[159] Moritz Rosenthal.

[160] F. Chopin op. 70, Nr. 3.

[161] Rafael Joseffy.

Freitag, den 19. Juni [18]85, war ich mit Stradal in der Kirche, wo der Meister mit seiner Nichte [162] (Cousin'chen) der Messe beiwohnte. — Wir warteten dann nach Schluß vor der Kirche auf der Straße.

Als uns der Meister sah, sagte Er, *„ah, eine Straßen-Bummelei"*; dann sagten wir, daß wir in der Kirche waren, worauf er frug, ob auch ich Katholik sei. — *„Ja, wir sind hier mit unserer Kirche kümmerlich bestellt. — Schon seit 10 Jahren soll eine neue gebaut werden. — In Meiningen haben sie eine schöne Kirche. Bülow hat dazu gespendet und es ärgerte ihn dann sehr, daß gerade neben der Kirche eine jüdische Synagoge gebaut wurde."* —

Dann sagte der Meister, daß Er den Brief Bülows an Colonne [163] französisch gelesen habe, worin er Colonne so herausstreiche. Im Garten grüßte Ihn ein Knabe, und Er sagte dankend, *„Grüß Gott, mein Junge."* Als wir des herrlichen Morgens erwähnten, sagte Er, *„die Bäume und der Garten, das ist Alles sehr hübsch — es ist nächst der guten Luft das Beste an meiner Wohnung."*

Als wir uns empfehlen wollten am Garten-Pförtchen, sagte Er, *„Nein, Cousinchen [164] wird noch für 4 Eierspeise machen, und dann bekommt Ihr noch Häring, Kaffee oder Thee und geht mit."* Im Hause angelangt, ging Er gleich in die Küche und schaffte für 4 Eierspeise an, was ganz köstlich war. Dann ging Er mit uns hinauf und zog seinen Samtrock an, und wir setzten uns, Stradal links, ich rechts vom Meister. Stradal mußte die Weimarer Zeitungen vorlesen; als die Rede auf „Stella" kam, das wir „Schtella" aussprachen, sagte Er *„Pokorny [165] in Wien sagte immer — heute führe ich ‚Schtradella' auf — ich sagte einmal, warum nicht gleich lieber ‚Schtrudela'."* —

Freitag, 19. Juni, [1885], 4 ʰ, II. Stunde.

| | |
|---|---|
| 1. L. v. Beethoven: A-dur Sonate op. 2 Nr. 2 | (v. d. Sandt) |
| 2. M. Moszkowski: Tarantella op. 27, Nr. 2 | (Frl. Schnobel) |
| 3. F. Liszt: Le triomphe funèbre du Tasse [166] | (Göllerich) |
| 4. F. Liszt: Etude héroïque [167] | ( ) |
| 5. F. Liszt: Bach — Fuge [168] | (Frl. Fokke) |
| 6. F. Liszt: Des-dur-Etude [169] | (Frl. Fritz) |

[162] Hedwig v. Liszt.
[163] Edouard Colonne, franz. Violinist und Dirigent (1838—1910).
[164] Hedwig v. Liszt.
[165] Franz Pokorny, Direktor des Theaters an der Wien.
[166] R 184; vgl. R 429, 3.
[167] Etudes d'exécution transcendante. 7. R 2b.
[168] Aus „Sechs Präludien u. Fugen f. d. Orgel." Für Klav. übertragen v. F. Liszt R 119.
[169] Etudes d'exécution … 11. R 2b. Harmonies du soir (Des-dur).

1. Sandt machte ein paar Läufe in A-dur früher. „O", sagte der Meister, „*das ist nichts — Beethoven berührt die Tonart A-dur lange gar nicht — erst auf der 3. Seite — da dürfen Sie nicht in A-dur präludiren*". Über die Metronom-angabe durch Bülow sagte der Meister: „*Bülow nimmt manchmal zu rasche Tempi. Ich nehme das viel langsamer. Etwa um 3 oder 4 Grade.*" — Beim Marsch verlangte Er schnelles Tempo und große Markirung der „überkapsel-ten" ( ∧ ) Stellen.

2. „*Wascht eure schmutzige Wäsche zuerst zu Hause ordentlich, bevor Ihr zu mir kommt. — Das geht Alles wie Eier und Schmalz durcheinander. Solch' dummes Zeug spielt man überhaupt auswendig.*" Er ließ das Stück nicht zu Ende spielen.

3. „*Wer spielt denn dieses schlechte Trauerstück? Das ist ganz zu verdammen, denn ,heiter ist die Kunst'.*" Den Anfang gleich sehr stark und voll und großes < bis zum 1. Thema, das nicht zu langsam und scharf im Takte mit vollen, langen Tremolos im Basse gespielt werden muß. — Bei der Phrase in A-dur sagte Er „*das könnte schlechter sein.*" Er verlangte dieses Thema sehr getra-gen und gesungen. — Beim Tasso-Thema die Triolen nicht zu bedeutend. Er bemerkte, daß dies die einzige Stelle aus der symphonischen Dichtung Tasso sei, die Er herübergenommen. — Alle Steigerungen sehr schnell, feurig und kräftig. — Zum Schlusse die Glocken herausheben. Der Meister spielte selbst nun einige Stellen vor — namentlich die Oktaven-Stelle links, die die Ent-wicklung des 2. Themas zweimal unterbricht — und die man verleitet ist, zu agitiren und bemerkte, daß Er hier weder ritardirt noch agitirt wünsche. — „*Der Componist dieses Stückes ist irgend einem Irrenhause ausgekommen, be-vor er ein Conservatorium absolvirt hatte!*"

3. Der Meister dirigirte an den meisten Stellen begeisternd.

4. Anfang sehr fest und energisch. An der Stelle, wo das Thema mit den Oktaven kommt, sagte Er, „*nicht so lustig und wie zum Tanze, sondern tüchtig dreinhauen, die Kerls sollen einmal ordentlich georfeigt werden! — Sie haben das ganze Stück nicht männlich, sondern etwas ,fräulein-haft' gespielt.*" — Unter Anderem sagte der Meister Folgendes: „*Diese Geschichte erzähle ich gerne. Der Wiener Komiker [Karl] Blasel gastierte in Genf und sonst im Aus-lande. Als er zurückkam, frugen ihn seine Freunde, was er Alles gelernt habe und er antwortete: ,Gelernt habe ich nichts, aber ,arrogant' bin ich gewor-den'.*" [170] Der Name Blasel paßt so gut zu dieser Geschichte — und der Meister lachte vergnügt.

5. Der Meister spielte die meisten Stellen. Bei (quasi Presto) Seite 5, sagte Er: „*Da kraxelt die ganze Familie ,Bach' (24 Kinder) auf den Bäumen herum.*" Dabei zog er besonders den 3.—6. und 9. Takt heraus. Die Stelle, Seite 8 unten, die mit ges in der rechten Hand anfängt, spielte Er herrlich. Dann das Fugenthema sehr leise und verschwommen, indem Er dabei bemerkte, „*das war gar nicht so leicht fortzusetzen, als man meint.*" — Die Stellen Seite 16 und 17 nannte Er „*das Gabelfrühstück*" und spielte sie, ohne auf's Clavier oder die Noten nur hinzuschauen, ganz wunderbar. — Am Schlusse sagte Er,

[170] Vgl Göllerich II, 15.

*„ich werde zum Schlusse dem Stücke einen Nekrolog schreiben für den armen Componisten, der von 2 Conservatorien ausgestoßen, zuletzt in einem Irrenhause in der Nähe Bayreuths verschieden ist!"*

6. *„Rubinstein spielt das sehr schnell, ebenso wie die Valse-Impromptu* [171]. *Er muß sich diese Stücke in Amerika einstudirt haben, denn vorher spielte er nur dieses von mir."* (Er spielte das C-dur Stück aus den Rossini-Transcriptionen) [172]. *„Die Amerikaner sind grobe Kerles, die waren damit nicht zufrieden und verlangten mehr."*

### III. Stunde, Samstag, 20. Juni [18]85.

| | |
|---|---|
| 1. G. Meyerbeer — Liszt: Robert-Fantasie [173] | (Frl. Burmester) |
| 2. P. J. Tschaikowskij: Polonaise aus „Onegin" [174] | (Frl. Bregenzer) |
| 3. F. Chopin: F-moll-Etude [175] | (Hr. Lomba) |
| 4. F. Chopin: F-moll-Etude | (v. d. Sandt) |
| 5. F. Chopin: Barcarolle op. 60 | (Rosenthal) |
| 6. H. Littolff: I. Satz aus d. holländischen Concert [176] | |
| | (Frl. Sothman u. Stradal) |
| 7. L. v. Beethoven: Theile aus dem 1. Satz des Es-dur Concertes op. 73 [177] | |
| | (Meister — Frl. Sothman) |
| 8. Jules v. Zarembsky: Kleine Polonaise | (Frl. a. d. Ohe) |

1. Der Meister gab einige Verbesserungen und Neuerungen an. — Bei der wiegenden Walzerstelle sagte Er, das müsse etwas affectirt und ganz ruhig gespielt werden. — Wo dann beide Themen zusammen kommen, erzählte Er, daß Er damals, als Er die Fantasie in Paris spielte, 10mal durch Applaus unterbrochen wurde. *„Vor dreißig Jahren war das ganz neu und ungehört."* Er spielte die meisten Stellen selbst.

---

171 Fr. Liszt. R 36.
172 Vgl. Soirées musicales. R 236.
173 Siehe Anm. 100.
174 Übertragen v. F. Liszt. R 262.
175 Wahrscheinlich F-moll-Etude op. 25, Nr. 2.
176 Wahrscheinlich 3. Konzert-Symphonie f. Klav. u. Orch. über volkstümliche holländische Themen.
177 Vgl. „Werke anderer Komponisten, hrsg. v. F. Liszt. Beethoven." R Verzeichnis . . .
S. 363.

2. Die Einleitung recht markig und im Polonaisenrhythmus mit Pedal und die Akkorde rechts harpeggirt. — Das Thema sehr breit und wuchtig.

5. Der Meister sagte, Er nehme ziemlich schnelles Tempo.

6. „*Eine Dame spielte mir das einmal vor und als ich Ihr sagte, daß die Composition nicht viel tauge, sagte sie: ‚ja, da mache ich Ihnen am Ende gar kein Vergnügen, wenn ich das Stück spiele?‘ — Ganz und gar nicht, sagte ich!*“ — Da das 2. Clavier nur immer die Tutti hat und bei den Soli das 1. Clavier fortwährend schweigt, sagte Er, — „*ja, die großen Meister haben das nicht nötig gehabt, für's 2. Clavier auch zu sorgen. — Heute indes kann man's doch nicht mehr gut so treiben.*“ — Er spielte selbst Einiges am 2. Clavier hinein.

7. Der Meister zeigte selbst den Anfang und betonte insbesonders, daß die Passagen genauso (Triolen) gespielt werden müssen, wie's dort steht. Nicht leichtweg und obenhin, „*wie's Hiller und Taubert* [178] *gespielt haben.*“ —

Im Thema die Verzierung nicht zu kurz, sondern breit und ausdrucksvoll. Im anderen Falle juckt es allzusehr leipzigerisch. Die Stelle, wo die Rechte in Achteln das Thema hat und die linke in Triolen rollt, muß ordentlich, die Achteln ganz scharf, herauskommen, nicht zimperlich. — „*Wie ich das in Wien gespielt habe, schrieben sogar meine Feinde, das wäre eine ganz gediegene Leistung gewesen. — Da mußte ich Ihnen doch sehr dankbar sein, und ich war's gar nicht. Ich habe das Concert für 2 Claviere* [179] *arrangirt. Arrangements und Transcription, nun, das kann ich ja — aber die Originalkompositionen, die taugen ja gar nichts.*“ —

8. Das Anfangsthema sehr breit und mit Pathos.

IV. Stunde, Montag, 22. Juni 1885
4ʰ nachmittag.

| | |
|---|---|
| 1. F. Liszt: 3 Consolations [180] | (Frl. v. Liszt) |
| 2. A. S. Dargomyschskij: Tarantelle (2mal) [181] | (Frl. Fritz) |
| 3. R. Schumann: Fantasie, op. 17, 3 ersten Sätze | (Frl. a. d. Ohe) |
| 4. H. Littolff: Scherzo, Adagio u. Finale des holländischen Concertes [182] | |
| | (Frl. Sothman) |
| 5. L. v. Beethoven: As dur-Sonate, op. 110 (ersten Sätze) | (v. d. Sandt) |

[178] Ferdinand Hiller und Wilhelm Taubert.
[179] Siehe Anm. 177.
[180] Siehe Anm. 150.
[181] R 148.
[182] Siehe Anm. 176.

1. Der Meister spielte selbst die Themen alle. Es war herrlich! Bei der Nummer* betonte Er, daß das Thema, an der Stelle, wo es mit Übergriff im Basse kommt, nicht zu stark hervortreten dürfe.

Bei der letzten Nummer muß die erste ¼ Note etwas gehalten werden, und die Harpeggien nicht zu schwer! — Die Triolen in der As dur Nummer etwas frei und ja nicht den Tact zu sehr in den ¼ Noten herausheben.

2. Der Meister spielte am Pianino die Figur a-a immer selbst mit. Ziemlich rasches Tempo. — *„Das ist der richtige Bärentanz".* Den Schluß nannte Er „Coda". —

3. *„Das ist ein sehr schönes Stück!"* Das 1. Thema sehr kräftig, kühn und begeistert. Bei einzelnen Phrasen sagte Er, *„das ist* (namentlich bei den rhythmisch *originellen Stellen) gar nicht konservatorisch — und das steht nicht im Trompeter* [183] *oder Feldprediger"* [184]. Zur Spielerin sagte er neulich einmal, *„Sie haben das so gespielt, daß Sie verdienen, von einigen Conservatorien abgewiesen zu werden."*

Über den Schluß des 1. Satzes war Er ganz entzückt und sagte, *„das ist wunderbar fein und edel".* — Den Marsch sehr rasch. — Vom letzten Satze ließ Er nur einige Themen wegen der Tempi spielen — *„dieser Satz ist ja sehr leicht."*

Der Meister erzählte, daß er einen Brief bekommen, in dem Ihm jemand „sans façon" ersucht, ob er nicht einige Stellen ihm machen wolle, die er in seinen Werken (Märschen) als besondere Härten empfinde!!!

4. *„Wenn Sie dies im Salon einmal spielen, werden Sie wohl einen guten Freund finden am 2. Clavier, der Ihnen Einiges hinzucomponirt — wenn's auch nicht in der Partitur steht, das ist bei dem Werk gar nicht notwendig. — Nein, diese Soli-Passagen sind denn doch zu leer!"* Beim Schluß des Adagio's sagte Er: *„Lebe wohl"* (Beethoven-Stelle). Er spielte einige Tuttis. —

5. Er drang darauf, daß man nicht aus der Stimmung falle trotz allen Feuers — und das Thema recht „amabile" spiele

Freitag, 26. Juni [1885], 5ʰ, Aufführung der
Johannespassion in Jena.

Als der Meister im Garten an unseren Tisch kam, sagte Er unter Anderem: *„es giebt fast kein Werk moderner Richtung, das nicht in Jena bespritzt worden wäre."* — *„Es ist kollossal, was in dieser kleinen Universitätsstadt viel Musik getrieben wird, mehr als in jeder anderen und mancher größeren. —"*

[183] Viktor Nessler: Der Trompeter v. Säckingen.
[184] Carl Millöcker: Der Feldprediger.

1. F. Liszt: Variationen über „Weinen u. Klagen" [185]        (Stradal)
2. F. Liszt: Etude héroïque, Ricordanza und F-moll-Etude [186]   (Frl. a. d. Ohe)
3. L. v. Beethoven: Letzter Satz der As-dur-Sonate op. 110       (v. d. Sandt)
4. L. v. Beethoven: 1. Satz vom 2. Solo an des Es-dur-Concertes, op. 73 in
   Liszt-Ausgabe [187]                          (Frl. Sothmann u. v. d. Sandt)
5. F. Liszt: „In der sixtinischen Kapelle [188]               (Göllerich)
6. J. Brahms: Sonate f. Violine u. Clavier, op. 78 G-dur
                                                (Frl. Senkrah u. v. d. Sandt)
7. H. Wieniawski: Mazurka                              (Frl. Senkrah)
8. F. Schubert-Liszt: Ungar. Marsch, 4. Ausgabe [189]        (Frl. v. Liszt)

1. „Bei einer neuen Ausgabe werde ich dieses Stück als Gegenstück der Mendelssohn'schen ‚Variations sérieuses' [190] nennen." Bei der herrlichen träumeri-
schen Stelle sagte Er, „jetzt wird's immer langweiliger." „Wenn Sie schlecht
rezensirt werden wollen, so müssen Sie das spielen. Es wird dann heißen, ‚dem
jungen Künstler ist Talent nicht abzusprechen — es bleibt nur zu bedauern,
daß er eine so schlechte Auswahl der Stücke trifft.' Das Ganze ist ein nach-
gelassenes Werk Gottschalk's [191] des Componisten von Le bananier. — "
2. Bei der heroischen Etude im Anfang vor dem Lauf immer etwas am e oben
warten.
3. „O, das ist ein herrliches Stück!" Er nahm die Noten in die Hand und las,
sich bei schönen Stellen ganz hingebend dem Genusse, mit. — Das Fugenthema
nicht zu langsam.
4. „2. Solo ist eigentlich eine ganz schlechte, veraltete Bezeichnung, denn bei
Beethoven gibt's keine Soli." — „Diese Liszt-Schule spielt schrecklich unrein." —
Er betonte wieder, daß die Vorschläge beim Thema ja nicht zu kurz genommen
werden dürfen. —
8. „Zu dem Stücke mußt Du Dir einen Schnurrbart anschaffen." Das Trio-
Thema mit dem Daumen durchaus zu spielen, nannte Er den Fingersatz des
Conservatoriums in Vieselbach. — „Es muß übrigens das Thema scharf klingen,
als Trompetenton." Die Tempi durchaus ziemlich schnell. Bässe immer tüchtig
markiren.
[4.] 7. „Sie können mir nicht zumuthen, daß ich mir heute auch gleich die
andern Sätze anhöre — ich habe das Concert tausendmal gehört und einige
hundertmale selbst gespielt." — Er warnte sehr vor jeder Sentimentalität und

[185] 1. Satz der Kantate „Weinen, Klagen, Sorgen, Zagen ... " R 24.
[186] Etudes ... 7, 9, 10. R 2b.
[187] Vgl. Anm. 176.
[188] A la Chapelle Sixtine. Miserere d'Allegri et Ave verum corpus de Mozart. R 114.
[189] Mélodies hongroises ... R 250.
[190] F. Mendelssohn: Variationes Serieuses D-moll, op. 54.
[191] Siehe Anm. 80.

jedem Geschwappe. — Bei dem gleichmäßigen Gewoge gab Er an einer Stelle an, den fortschreitenden Ton immer hervorzuheben.

3. Vor 30 Jahren hat diese letzten Sonaten Beethovens niemand gespielt — jetzt sind sie in Aufschwung gekommen. Gelegentlich des Marsches kam die Sprache auf die „Soirées de Vienne." [192]. *„Ich habe diese Sachen zuerst vor etwa 30 Jahren gemacht — und sie oft und oft gespielt — bis es mir endlich zu fade war und ich eine neue Ausgabe besorgte, die ich sehr empfehle — sie ist sehr vermehrt." „Spielst Du die Nummern in C-dur?"* Frl. v. Liszt frug, ob das die sei, welche mit der Septe beginne — darauf der Meister *„ah', das ist die Wiener wissenschaftliche Bildung!"* —

Als die Sprache auf das in A-moll kam, sagte ich, daß d'Albert [193] das immer spiele — *„ja, d'Albert, der spielt das auf Befehl Wolffs [194] für's Publicum — natürlich."* Er war dabei köstlich. *„Vor 20 Jahren spielte Bülow darin diesen sehr hübschen Akkord, den ich aufgenommen habe — nebst noch einigen anderen, die ich hinzufügte. Übrigens ist es Geschmackssache, ob das alte oder neue hübscher ist — der Geschmack ist eben eine Sache für sich."* —

1. *„Auf diesen Sextengang bilde ich mir etwas ein."* Der Meister blätterte im Buche des Frl. Senkrah und fand die Bearbeitung Sarasates [195] von der Chopin'schen Nocturne. Er sagte, *„ich finde das Hinaufspringen plötzlich in die höchsten Lagen, dann den Triller oben und das wieder unten herumscharren eine fürchterliche Geschmacklosigkeit und Hanswurstiade dieses Pablos. — Die übrigens ganz des Publicums von heute wert ist. Ebenso die Brahms'sche Sextenetude, wo er das Thema unten bringen muß. Wie entsetzlich schwappert das in der Lage herum. Chopin würde es ebenso empfinden wie ich."* —

5. *„Die Herren spielen nur lauter Trauermusiken. Das ist ein Gegenstück zu ‚Weinen und Klagen' und die reine Spitalmusik — schrecklich langweilig."* Als ich fertig war, (bis zum Ave verum) sagte Er *„das wird d'Albert nicht spielen, daß würde Wolff nicht erlauben, — dieses Stück kann man überhaupt nur Privat spielen, es ist nichts für's große Publikum."* — Er zeigte mir, daß die 2. Lesung bei dem Tremolo besser sei, *„da glaube ich, sind Sie besser daran."* Das Tempo nicht zu langsam und stark harpeggieren, wo's angegeben ist. [196]

[192] F. Liszt: Valses caprices d'après Schubert. R 252.
[193] Eugen d'Albert.
[194] Herrmann Wolff, Inhaber einer Konzertagentur in Berlin.
[195] Pablo de Sarasate.
[196] Göllerich reihte hier seine Bemerkungen ungleich.

# WEIMAR
28. Juni 1885—9. September 1885

Sonntag 28. Juni [18]85. Nachmittag bei Stahrs [197]
unter Anwesenheit des Meisters 4—$^1/_2$7$^h$

1. F. Liszt: „Nächtlicher Zug" [198]                         (Göllerich u. Stradal)
2. F. Liszt: II. Mephisto-Walzer [199]                        (Frl. a. d. Ohe)
3. P. Sarasate: Zigeunerweisen und
   F. Thomé: Andante religioso                     (Holländer [200] u. Frl. Senkrah)
4. F. Liszt: II. Liebestraum [201]                            (Hr. Ansorge)
5. F. Liszt: Au bord d'une source [202]                       (Rosenthal)
6. R. Franz: 2 Lieder                                         (Hr. Milde) [203]
7. H. Wieniawski: Legende op. 17                   (Sandt und Frl. Senkrah)
8. F. Liszt: Héroïde funèbre [204]                      (Stradal u. Göllerich)


1. *„Das Tempo nicht zu langsam"* (E-dur) sagte der Meister. Vorher sagte der Meister: *„Also Sie spielen heute diese Spitalsstücke, oder eigentlich schon Todten-kammer-Stücke"*. Darnach applaudierte Er. —
2. Die Vorschläge rechts oben sehr stark, deutlich u. sprühend. Die Triolen-stellen (2/4) nicht zu schnell, sondern im Walzertempo.
3. *„Den Componisten Thomé [205] kenne ich gar nicht."*
4. *„Die Pianinos klingen für dieses Stück viel zu ,deutlich'."*
6. Der Meister freute sich darüber und hörte aufmerksamst zu. —
8. Vorher sagte Er *„also jetzt kommt die Geschichte aus dem Irrenhause."*
   *„Nehmen Sie das Tempo nicht zu langsam, übrigens bleibt's so und so ganz schlechte Musik."*
   *„Ich habe das Stück kaum je vom Orchester oder auf 2 Clavieren gehört."* Er setzte sich zwischen uns und taktirte fest mit, an manchen Stellen gab Er uns Winke u. spielte selbst im Basse ganz unten mit. — *„Sehr gut gespielt. Recht brav."* Er sagte mir, daß ich die Noten morgen bringen solle, um am Ende der Stunde das Stück der Baronin Meyendorff [206] vorzuspielen, die sich dafür inter-essire und ein wehes Handgelenk habe. — Er war sehr lieb u. lud mich ein im Wagen mit Ihm zu fahren, was ich wegen der projektirten Tiefurter-Parthie ablehnte. — Tempi ziemlich bewegt. —


[197] Die Schwestern Anna und Helene Stahr (Weimar), bei denen Liszt viel verkehrte.
[198] „Der nächtliche Zug". Zwei Episoden aus Lenaus Faust. Nr. 1. R 325. Zur Bemer-kung R 427 „Uraufführung:... die Uraufführung von 1 ist nicht festzustellen", wird mitgeteilt, daß Göllerich das Werk am 20. November 1910 in Linz aufführte. Vgl. W. Jerger; August Göllerich, Schüler und Interpret von Franz Liszt, in: OÖ. Heimatblätter, Jg. 26/1972, S. 30.
[199] R 182.
[200] Vermutlich van Zeyl.
[201] Liebesträume. 3 Notturnos. Nr. 2. R 211.
[202] Années de Pèlerinage. Première Année. 4. R 10a.
[203] Feodor von Milde.
[204] R 419.
[205] François Thomé (1850—1909), Schüler des Pariser Konservatoriums, Musiklehrer und Komponist.
[206] Baronin Olga v. Meyendorff geb. Princesse Gortschakoff.

1. F. Liszt: „Die Wasserspiele der Villa d'Este" [207]          (Frl. Burmester)
2. F. Liszt: „Chapelle sixtine" (vom 1. Ave verum an) [208]     (Göllerich)
3. F. Liszt: 2. Concert-Etude [209]                            (Frl. Bregenzer)
4. F. Liszt: „O lieb so lang Du lieben kannst." [210]          (Frl. a. d. Ohe)


1. Das Thema ruhig, die Läufe rechts immer sehr klingend, besonders die Terzen = Sprünge recht hüpfend und bimmelnd.

2. *„Wer hat Ihnen denn dieses Stück verrathen? Da steht Salon-Album, nun ich denke, das muß ein schöner Salon sein, in dem so etwas gespielt wird!"*
*„Das ist kein Stück für Herrn Wolff — d'Albert wird das nie spielen." — „Die Pedale hier beim Ave Verum habe ich hineingepfuscht, und auch der Schluß ist von mir".*

Bei der kräftigen Stelle das Ganze ziemlich rasch und feurig. *„Diese Sequenz (im Ave verum) gehört zum Allerschönsten was Mozart gemacht hat."*

3. *„Diese Sachen sind vor nun schon 30 Jahren gemacht — damals hieß es — das kann Niemand spielen — ja wenn Liszt solche Sachen spielt gehts noch, aber sonst sind sie ganz unspielbar!"* — Der Meister spielte selbst das Thema sehr ruhig, aber nicht zu langsam, vor. — Er betonte, daß Er Läufe in Seinen Originalcompositionen in der Regel nicht sehr schnell nehme, *„denn sonst werden mir die Geschichten zu schnudelig und verschwommen, und unklar."* *„Das ist gar kein so übles Stück und war seinerzeit noch nicht früher gehört worden und auch nicht geschrieben."*

4. *„Sie müssen dieses leichtfertige, etwas liederliche Stück auch so spielen — es ist eine ganz leichtsinnige Geschichte, die ich da gemacht habe. — Posse spielt das auf der Harfe ganz hübsch."* [211]

[207] Années de Pèlerinage. Troisième Année. 4. R 10e.
[208] Miserere d'Allegri et Ave verum. corpus de Mozart. R 114.
[209] 3 Etudes de Concert. 2. R 5.
[210] Liebesträume. 3 Notturnos. Nr. 2. R 211.
[211] Wilhelm Posse, Schüler Liszts, Harfenist an der Berliner Oper.

Montag 29. Juni [1885] 1/26—1/48ʰ Concert.

beim Meister.

1. J. Brahms: Sonate f. Violine u. Clavier op. 78          (Frl. Senkrah u. Sandt)
2. H. Wieniawski: Mazurka op. 49[?]                         (Senkrah u. Sandt)
3. F. Liszt: „Elegie" an Moukhanoff [212]                   (Senkrah u. Sandt)
4. F. Liszt: Héroïde fûnèbre [213]                          (Stradal u. Göllerich)

1. *„Dieser erste Satz ist ganz hübsch aber doch ein wenig langweilig. — In Karlsruhe hat michs aber viel mehr gelangweilt u. ich fand das Stück sehr fad — auf der Reise aber erfuhr ich dann, daß es ein großes Meisterwerk sei."*
3. Das Tempo nicht zu langsam — namentlich bei der Steigerung gar nicht zögern. —
4. Im 1. Thema die Staccato etwas markiren, und die Begleitung im Marsch-Rhythmus dumpf und schwer. Der Meister machte es selbst vorher vor am Claviere. *„Also losen Sie, wer das Clavier und wer das Pianino bekommt [214]".*
   Beim Trio rief Er das erstemal *„hübsch gespielt."* Wo es das 2. Mal in Oktaven bei mir eintritt, setzte Er sich zu mir und sagte, *„fast immer mit Pedal, das Pedal kaum auflassen"* — nicht zu langsam. — Wo das Trio-Thema in den Triolen kommt, ziemlich rasch und gar kein Ritardando anbringen!!!

VII. Stunde, Mittwoch 1. Juli [18]85 4ʰ.

1. J. Brahms: 2. Concert B-dur op. 83                        (Sandt u. Lomba)
2. F. Chopin: Nocturne G-dur, op. 37, Nr. 2                  (Frl. Fritz)
3. F. Chopin: Fantasie-Impromptu Cis-moll op. posth. 66      (Frl. v. Liszt)
4. G. Sgambati: Etude                                        (Frl.)
5. F. Schubert-Liszt: Der Gondelfahrer [215]                 (Göllerich)

[212] Gewidmet dem Gedächtnis der Gräfin Marie Moukhanoff-Kalergis, geb. Gräfin Nesselrode. R 471.
[213] R 419.
[214] Das Pianino diente als 2. Instrument.
[215] R 244.

1. *„Dieses Werk ist eines der allerbesten von Brahms. Er selbst spielt es etwas schlampig — Bülow spielt es sehr schön."* — Bei einer sehr geharnischten Stelle sagte Er, *„jetzt zieht er die großen Stiefel an."*

2. Das prächtige 2. Thema spielte der Meister selbst und sagte, *„das ist ganz wunderbar — das dürfen Sie nicht so institutsmäßig spielen".* —

3. Tempo rasch und feurig. — Er spielte selbst ein paar Takte. — Großer Streit über „Allegro moderato" oder „Allegro agitato." —

Da das 2. Thema zu langsam gespielt wurde, war der Meister köstlich — er machte immer den Mund weit auf, holte dann tief Athem und schnarchte dann ganz köstlich — auch dieses Thema spielte Er vor. —

5. *„Na Sie haben nur Spital-Stücke."* — *„Ah da haben Sie recht — das ist ein reizendes Stück, das ich sehr gerne habe. —"*

Die Bässe immer sehr gezupft. Nicht zu schnell und immer das Staccato hörbar hervor heben. *„Spielen Sie das Stück mit Verschiebung, aber doch dann ziemlich stark."*

Bei dem Thema 3. Zeile, Seite 5, sagte Er, *„das ist gar nicht norddeutsch, sondern echt wienerisch. —"*

Seite 6 das Staccato im Rhythmus recht hervorheben, besonders vom letzten Takte unten an, die linke Hand sehr staccato. Bei Seite 8, die Stelle cantando, sagte Er *„das habe ich mir erlaubt dazuzusetzen, ich glaube Schubert hätte nichts dagegen, wenn er's wüßte."*

*„Am Schlusse nehmen Sie aber kein tiefes c dazu — in letzter Zeit habe ich meist nicht mehr solche Schlüsse."* —

4. *„Ein hübsches Stück."* *„Sie können das nächste Mal das Concert von Sgambati spielen — ich höre es gerne. Hr. [Emil] Sauer wird's ihnen begleiten. Hier haben Sie schweren Stand, die Herren spielen Alle selbst sehr gut Clavier und sind deshalb ein undankbares Publicum."*

Ich bat den Meister, ob ich mir die Composition „Ungarns Gott"[216] auf einen Tag mitnehmen dürfe. *„Mit Vergnügen, ich schenke Ihnen das Clavierarrangement und schreibe Ihnen etwas hinein."* [217]

Er suchte selbst am Claviere. —

VIII. Stunde[218]. *„Bei dem amerikanischen Feste müssen Sie doch Ihr Jankee doodle vertreten haben. Friedheim machen Sie eine Fantasie für 2 Claviere darüber. — Sie können darein noch für Weimar das Lied ‚Ach wie wärs möglich dann, daß ich Dich lassen kann' verflechten."* Dabei sang Er köstlich mit überschwenglichem Gesichts-Ausdruck und der Hand aufs Herz gelegt. — *„Kennen Sie die Variationen von A. Rubinstein über Jankee Doodle? Sie gefallen mir, vor 5 Jahren hatte ich mir noch die Mühe genommen und sie ordentlich einstudirt. — Bringen Sie mir dieselben, ich werde Ihnen dann darin einige Schnitte anbringen, was notwendig ist."*

---

216 F. Liszt. R 214.
217 Vgl. R 214.
218 Diese Bemerkungen sind in den Aufzeichnungen Göllerichs auf der Seite vor „VIII. Stunde, Freitag, 3. Juli '85, 4 Uhr", notiert.

1. Sonate von                                                                (Hr.   )
2. L. v. Beethoven: Sonate E-dur [109?]
3. A. Rubinstein: 5. Concert Es-dur, op. 94          (Sauer u. Friedheim)
2. Das Adagio sehr langsam und sehr träumerisch, ganz ohne scharfe Accente.

3. *„6 maliger Hervorruf und doppelte Abonnementspreise, ausverkaufter Saal mit gesteigerten Preise. Wolff wird das sehr gerne approbiren."* Bei einigen Stellen lachte der Meister, der in der Partitur mitlas, bei gewissen nickte Er zustimmend. *„Ich habe es in Pest von Rubinstein spielen hören."* „Das ist das 5. nicht wahr — es wird bald das 6. gewiß folgen, denn er ist da ganz besonders."
(Stuhlgeschichte).

Zu Frl. Schn.[219] sagte Er, *„Sie können sich auf Ihrem Spinate oder nennen Sie mir (zu uns) ein anderes Gemüse ausruhen, und brauchen heute nichts bei mir zu spielen"*.

Samstag, 4. Juli [18]85. 4$^h$ Feier zur Unabhängigkeitserklärung
der Vereinigten Staaten[220] bei Mister Bagby[221] unter
Anwesenheit des Meisters bis 1/27$^h$.

F. Liszt:
1. „Festklänge"[222]                                (Göllerich und Stradal)
2. Des dur-Etude[223]                                        (Frl.     )
3. H moll-Ballade[224]                                          (Friedheim)
4. A. Rubinstein: Variationen über „Jankee doodle"
              (5 Pianisten — Friedheim, Rosenthal, Göllerich, Ansorge    )
5. A. Friedheim: Humoreske über „Jankee doodle"   (Friedheim und Ansorge)
    Der Meister setzte sich zu mir ans 1. Clavier und spielte an der einen Stelle immer die Läufe in den Bässen mit. Fortwährend taktirte Er herrlich mit und

---

219 Schnobel?
220 Unabhängigkeitstag.
221 Morris A. Bagby, Schüler Liszts.
222 R 363 (321).
223 Etudes d'exécution transcendente. 11. Harmonies du soir (Des-dur). R 2b.
224 Deuxième Ballade. R 16.

gab Seine Weisungen. Darnach applaudirte Er u. sagte *„ganz vortrefflich ge-spielt, bravo!"* Er machte noch einige Bemerkungen Stradal gegenüber.

*„Cognac mit Selter-Wasser ist ein prächtiges Getränk, im Sommer kühlt es und im Winter erwärmt es. Ich bin kein Freund von Süssem — nur ,Sauer' oder ,Bitter'* (dabei machte Er eine köstliche Grimasse.) *Diese Dinger sind sehr zu empfehlen* (die langen Stangen). *Die Amerikaner und Russen haben mich immer lieb behandelt, schon zur Zeit, als ich hier und in ganz Deutschland ver-lacht und angefeindet wurde. — Morgen nach der Kirche bekommen Sie das Manuscript. —"* [225]

3. *„Das kann man nicht besser spielen — Friedheim verdient den ,Mendels-sohn-Preis' an der Hochschule zu erhalten!"* — (Dabei lachte Er köstlich) Die Geschichte mit den Präludien

Sonntag 5. Juli [18]85. vormittag nach dem Amte Gang
mit dem Meister in Seine Wohnung.

Die Predigt von der Sparsamkeit besprach der Meister. Er erzählte wieder die Geschichte mit „Bartusch". (Friedheim, Reisenauer). *„Göllerich, wollen Sie mit mir hinaufkommen? Aber Sie bekommen außer höchstens einem Glas Wein nichts als das Manuscript."* — [226] Oben sagte Er, *„nun wollen sie ein Cognäc'-chen oder ziehen Sie ein ,Aromatikchen' vor?"* Er schenkte mir eine Virginier-Zigarre. Später sagte Er wieder, *„haben Sie Zigarren? Michel* [227] *Sie müssen Cigaretten kaufen."* Als Er den Cognac aufwartete sagte Er *„mehr trägt mir mein Einkommen nicht — im Pariser-Figaro steht zwar etwas von einer reich-lichen Pension, die ich von der Frau Großherzogin bezöge — ich weiss aber nichts davon."* — *„Ich schäme mich, Ihnen ein so schlechtes Manuscript zu geben, das Ihre war schöner. Ich arbeite schon 3 Monate an diesen Sachen und werde nicht fertig, das kommt davon, wenn Einem nichts einfällt — bei den Sachen habe ich geschwitzt."* [228]

Frühstück mit dem Meister nach der Kirche
Freitag 3. Juli [18]85 ³/₄ 8 ʰ morgens, allein.

*„Meine Augen sind seit einigen Jahren sehr schlecht geworden, mit den Noten gehts besser — na sprechen wir nicht davon." „Gille hat auch Unterricht gehabt von mir."* [229]

[225] F. Liszt: Ungarns Gott. R 214.
[226] F. Liszt: Ungarns Gott. R 214.
[227] Michael Krainer (Krajner), Diener von F. Liszt.
[228] Siehe Anm. 225.
[229] Dr. Gille. Vgl. R 541.

Neulich nach der Kirche, als Frl. v. Liszt mit war, sagte er zu ihr: *„Deine Kleider sind ganz gut, nur haben sie nicht den richtigen Schnitt, wie z. B. die von Frl. S. —"* [230]

Sonntag, den 5. Juli [18]85. vormittag nach dem Amte
Gang mit dem Meister in Seine Wohnung.
Nachmittag Besuch beim Meister mit Stradal.
4—³/₄5 ʰ.

Sonntag, den 5. Juli 1885

*„Raff* [231] *hat wohl das Meiste für mich abgeschrieben, das wird in die 2 tausend Seiten gehen — alle Symphonischen Dichtungen, die Graner Messe — meist Clavier-Sachen."* *„Richter* [232] *hat d'Albert zu mir geführt, was ich von dem Jungen halte und ob er zu mir kommen könnte."*

Montag, 6. Juli [18]85. 4ʰ—³/₄6ʰ IX. Stunde

1. F. Chopin: H moll Sonate op. 58 (mit Ausnahme des Adagios)
(Frl. —        )
Scherzo[?] — Rosenthal. Finale — Sandt.)
2. G. Sgambati: Concert G-moll, op. 15        (Frl. Mettler) (Sauer)
3. A. Friedheim: Wagner-Quadrille        (Friedheim) [233]
4. A. Rubinstein: Variationen über „Yankee doodle"        (Verschiedene)

[230] Senkrah.
[231] Joachim Raff.
[232] Hans Richter.
[233] Liszts Schüler Arthur Friedheim war auch Komponist.

1. *„Das ist gar nicht gespielt, sondern gestochen — wenn Sie keine Ohren haben, um zu hören, warum spielen Sie dann Clavier? — Bei wem studirten Sie das? Ja, bei Marmontel*[234] *kostet die Stunde 20 Mark — hier ist Alles gratis, dafür lernen Sie dort nichts und hier können Sie etwas lernen — Sie müssen auf irgendein Conservatorium gehen, aber zu mir nicht."*

2. Das spielt Sgambati auch nicht besser.

3. *„Na, das ist schon gar arg und steht auf der Höhe ‚Grünfeld'scher Meisterwerke.'"* [235] *„Kennen Sie die Quadrille von Bülow über ‚Benvenuto Cellini'* [236] *die ist sehr hübsch und ich habe sie oft gespielt. — Die Motive sind sehr prägnant und kurz geschnitten. — Sie müssen das Ganze viel langsamer spielen, in diesem Tempo kann niemand Quadrille tanzen."* —

4. *„Was heißt das, ich kann's nicht!"* *„das darf man nicht sagen — schämt Euch. — Ja natürlich, das sind die großen Celebritäten — ich hab's nicht im Repertoir, heißt's dann, natürlich Herrm. Wolff braucht das nicht. Ihr sollt Euch blamiren, — das ist ja eben recht."*

Dienstag, 7. Juli [1885], nach der Kirche ¹/₂ 8ʰ.
Frühstück mit dem Meister allein.

*„Was sind Sie für ein Wundermann — schnell und schön"* — Gelegentlich der Rhapsodie, die ich ihm zeigte, sagte Er, [*„ja, das war eine Bettelei — auch ‚Nord und Süd' bat, da schlug ich's aber ab. — Morgen bekommen Sie wieder zum Abschreiben. Sehen Sie, so geht's, wenn man schön schreibt — da wird man gequält. Nehmen Sie besten Dank für die schnelle Besorgung."*] —

Mittwoch 8. Juli [1885] 9ʰ früh, Besuch beim Meister mit Stradal.

Conservatorium in Jerusalem und in Cairo. — *„Wir machen eben Pläne, — bewahren Sie diesen jungen Mann vor Ausschreitungen."* Gutmann [237] und d'Albert. *„Sie wittern ja überall Juden. — Aber der Wiener Gutmann ist doch keiner?"* und Er lachte köstlich.

Neulich äußerte Er über die Kritik, —

*„oh, ich kenne diese Sippe — sie möchten einen mit Rosen ersticken — mein liebstes Citat ist folgendes, ‚nicht such ich Dich noch deiner Sippschaft einen'."* — [238]

---

234 Antoine François Marmontel (1816—1898).
235 Alfred Grünfeld.
236 Hector Berlioz. Vgl. hierzu H. v. Bülow in MGG 2, Sp. 450 f.
237 Musikverlag A. Gutmann in Wien.
238 Zitat aus „Tannhäuser" v. R. Wagner.

1. F. Liszt: 3. Valse obliée[239]                    (Frl. Schnobel)
2. Ouverture aus der Partitur gespielt von          (        )
3. D. F. E. Auber-Liszt: Tarantelle aus der „Stummen" [von Portici][240]
                                                    (Frl. Burmester)
4. F. Chopin: Impromptu Fis-dur op. 36              (Frl. Paramanoff)
5. L. v. Beethoven: Allegretto aus der VII. Symphonie aus Liszt's Clavier-
   Partitur.[241]                                   (Göllerich)
6. G. Sgambati: Andante u. Finale des Concertes G-moll, op. 15
                                                    (Frl. Mettler u. Sandt)
7. F. Liszt: 3. Valse oubliée[242]                  (Frl. Schnobel)
8. F. Chopin: Adagio der H-moll-Sonate op. 58 und
9.            F-moll-Etude op. 25, Nr. 2.           (Sandt)

1. Das Crescendo der 8tel-Oktaven ordentlich herausbringen, die Oktaven stark, das Tempo im Anfange nicht zu rasch, wiegend. *„Ich habe nur mehr vergessene Sachen, Valse, Romance oubliée etc. — nächstens wird eine Polka oubliée kommen."*

2. *„Diese heroische Ouverture müssen Sie ,Heldenklage' oder so ähnlich bezeichnen."* — Bei einer Achtelroulade sagte Er, *„nein, das ist nichts, das ist wie Ignaz oder Vinzenz Lachner"*, *„vom großen Franz Lachner will ich gar und darf man da gar nicht reden."* —[243]

3. Im Anfange das Tempo nicht zu rasch — in der Folge aber sehr rasch und feurig, gar nicht mehr zurückhalten; *„das ist alles nur Effekthascherei — nur auf den Effekt gemacht, viel zu wenig ,Verinnerlichung' sagt die ,Kritik' — diese dummen Kerln."* — Bei der merkwürdigen Stelle, wo beide Hände im Basse spielen, sagte Er, *„da regnet es furchtbar, holen Sie doch einen Regenschirm und spannen Sie ihn auf"* —, und Er machte dabei eine köstliche Stellung. —

4. *„Risa, Station zwischen Leipzig und Dresden"*. Die Figur im Basse richtig betonen und etwas hervorheben, während des ganzen Stückes.

5. Er spielte selbst die ganze erste Seite unvergeßlich vor; — machte aufmerksam, daß dreierlei Nuancen im Thema anzubringen sind: etwas gehalten, portamento (staccato) und ganz staccato. — Wo das Thema mit der Oktavenbegleitung in den Bässen kommt, diese immer etwas crescendiren. — *„Acht geben, daß die Achteln im richtigen Zeitmaße gespielt werden."* (auf der 3. Seite oben) — Das Triolen-Thema *„sehr getragen und ohne Erregung"*, — *„das hat*

---

[239] Trois Valses oubliées. (Vier Valses oubliées) R 37.
[240] Tarantella di Bravura … R 117.
[241] Symphonies de Beethoven. Partitions de Piano. R 128.
[242] Siehe Anm. 239.
[243] Franz Lachner (1803—1890). Dirigent u. Komponist. Ignaz (1807—1895) und Vinzenz (1811—1893), Brüder von Franz Lachner.

*nichts mit dieser Welt zu thun!"* — Die Achtel im Basse dabei immer etwas hervorheben. — Bei der Stelle, wo die weite Lage ist, die 2. Lesart (die Octaven tief unten allein) nehmen. Das Staccato immer hervorheben. — Das Hauptthema in der Mitte nicht zu langsam (überhaupt nicht langsam).

Die nun folgende Stelle rechts, sehr getragen (Triolen), unten immer Staccato. Die Fuge schnell und ganz staccato durchaus. Am Schlusse sagte Er, *„hier richten Sie sich genau nach den angegebenen Instrumenten-Gruppen, deshalb sind sie angegeben; — diese Geschichte ist gar nicht so ungeschickt gemacht".* — *„Ein Staccato der Hörner klingt natürlich immer getragener als ein anderes",* *„das müssen Sie auch spielen".* Wo die Oktaven hinuntergehen unisono sagte Er, *„hier ja nicht ritardiren, sondern ganz rasch und sehr gestoßen und kräftig — es bricht hier plötzlich ganz jäh ab. —"*

Als ich mich wiegte, sagte Er, *„Photograph!"* *„nicht franfurterisch".* Am Schlusse sagte Er, *„das ist ein Schluß, der nicht alle Tage vorkommt — das ist freilich gegen alles Conservatorische."*

4. *„Nicht mit dem Körper metronomisiren wie Frau [Clara] Schumann",* und Er machte es köstlich nach und zählte dabei ganz drollig eifrig.

6. Die Staccato der Begleitung rechts nicht gar zu sehr scharf — etwas getragen.

7. *„Wer hat Ihnen denn dieses Stück verrathen? Sie verdienen auch die 2 anderen zu besitzen. — Das müssen Sie in Sulza und anderen Bädern spielen — aber nicht zu soohlig und bademäßig"*

Nach 8. meinte der Meister, es wäre genug, der Holländer [244] aber spielte noch die F-moll-Etude [245]. Der Meister lachte darüber sehr und sagte *„ah, Holland behauptet den Platz."* Die Etude machte Ihm sichtlich, wie immer, sehr viel Freude und Er war ganz bei der Sache herrlich anzuschauen.


Donnerstag [9. Juli 1885] von $1/4 5^h$—$6^h$ beim Meister Besuch.

Es war Frl. v. Liszt [246] dort und ich frug draußen, ob ich etwas zum Abschreiben bekäme. — Er ließ mich hineinrufen, frug ob ich 66 [247] spiele und sagte dann, ich solle zuschauen. — Nach dem Kartenspiel spielte Herr Goepfart eine Symphonie „Amor und Psyche" [248]. *„Das ist eine Geschichte, die oft passiert ist — wie heißt es nur: und wenn sie just passiret."* — *„Dieser Amor ist mehr ein ‚Achilles' aber ohne Ferse."* *„Aha, jetzt kommt ‚Psyche', es ist auch hoch an der Zeit, natürlich mit Harfe; die können alle jungen Componisten nicht vermissen, auch verschiedene alte nicht gut."*

Bei einigen Quint- und Octavfolgen sagte Er, *„das kann ich nicht approbieren."*

[244] van Zeyl.
[245] F. Chopin, op. 25, Nr. 2.
[246] Hedwig von Liszt.
[247] Kartenspiel.
[248] Symphonische Dichtung von Karl Goepfart.

„*Ihr Schlußsatz soll ‚duftig' klingen (Amoretten), klingt aber sehr stieflig, nach meinem Geschmacke sind die Bässe zu schwer; ich will aber meinen Geschmack Niemanden aufdringen, denn ich bilde mir nicht ein, daß ich mehr verstehe als Andere.*"

Neulich sagte Er, „*lassen Sie sich* [durch] *Jemand die Clavier-Partituren der Beethoven-Symphonien kommen — ich glaube sie kosten 2 Thaler, einen Thaler zahle ich dazu. — Wegen der Polyphonie sind diese Sachen sehr wichtig zu spielen. Es ist überhaupt sehr nothwendig, daß man die Symphonien Beethovens recht gut kennt*", sagte er beim Frühstück zu mir.

### XI. Stunde, Freitag 10. Juli [18]85 4ʰ—6ʰ.

| | |
|---|---|
| 1. L. v. Beethoven: Cis-moll-Adagio. Sonate op. 27, Nr. 2 | (Sandt) |
| 2. L. v. Beethoven—Liszt: Scherzo der 9. Symphonie [249] | (Rosenthal) |
| 3. F. Liszt 1. u. 2. Valse oubliée [250] | (Göllerich) |
| 4. F. Liszt: „Benediction" aus den Harmonien [251] | (Stradal) |
| 5. F. Liszt: Héroïde élégiaque (Rhapsodie) [252] | (Frl. v. Liszt) |
| 6. F. Liszt: „O lieb so lang Du lieben kannst" [253] | (Bagby) |

1. Unendlich langsam und träumend. Die Stelle mit den Staccato-Bässen spielte der Meister selbst vor. Die Bässe dabei sehr staccato und ohne Erregung. Bei der Begleitung der Stelle, wo die rechte Hand übergreift abwärts, sagte Er, „*ganz ohne Erregung.*" „*Dieses Stück ist kaum wie ein anderes ein merkwürdiges Beispiel, wie genau der einzige Beethoven Alles bezeichnet hat. In jedem Takte kommen 3 oder 4 verschiedene Bezeichnungen vor. Nicht wie bei Bach.*" Der Meister atmete immer tief auf bei den herrlichen Stellen des Adagio. „*Vor 20—30 Jahren waren das große Seltenheiten, wenn das jemand spielte. La Fontaine* [254], *der sonst nicht besonders spielte, spielte das einmal so hübsch damals, daß ich ihm dafür aus Freude ein Souper gab. — Er gab dann selbst ein Concert und spielte dabei wie ein Schwein. Heute sind diese letzten Sachen Beethovens sehr erleichtert durch die Ausgabe Bülows.*" Vorher sagte Er schon spaßhaft „*diese Ausgabe ist namentlich für mich sehr instructiv*" und lachte.

---

[249] R 128.
[250] Trois Valses oubliées. R 37 (Vier Valses oubliées).
[251] Harmonies poétiques et religieuses Nr. 3. R 14.
[252] Rhapsodie Nr. 5, R 106, 5.
[253] R 211, Nr. 2.
[254] Louis Stanisl. Mortier de Fontaine (1816—1883).

2. *„Ich halte die Vorschläge Wagners für die Instrumentations-Unterstützung ganz superb*[255]. *In der Instrumentation Beethovens können gewisse Stellen nie und nimmer herauskommen. — Auch bei dem einen reizenden Scherzo von Schubert ist es nicht möglich, daß gewisse Sachen herauskommen. Schubert hätte es gewiß geändert, wenn er's einmal gehört hätte; so aber hat er's nie gehört und Beethoven merkte nicht darauf. Ich wollte einmal mir einige Nachhilfe erlauben, da ich aber seiner Zeit mit so viel Schicanen und eckelhaften Dingen zu kämpfen hatte, ließ ich's wieder sein. — Ich habe mir damals, als ich diese Arrangements besorgte, Änderungen in der Instrumentation (wie die mit den Hörnern Wagners im Scherzo hier) noch nicht erlaubt. — Wagners Vorschläge sind ganz vortrefflich, natürlich Leute wie Gounod müssen sich da bekreuzen und ausrufen: ‚wie kann man Beethoven verbessern wollen'"* — Das Thema des Trios nicht zu stark anfangen und überhaupt die Bezeichnungen über Stärke des Tones genau beobachten. Die einige Male vorkommende Nuance aus einem f in ein plötzliches p bezeichnete Er als eine *echt Beethoven'sche Nuance."* — *„In meinem Arrangement für 2 Claviere*[256] *ist an einer Stelle ein Druckfehler im I. Satz; statt diminuendo soll* ——— *stehen. Wagner machte mich darauf aufmerksam. Wenn man so viele Noten durchzusehen hat wie ich, so kann Einem das schon passiren. — Als ich seinerzeit diese Arrangements machte*[257], *wollte ich die IX. nicht zweihändig setzen und an dieselbe gar nicht heran. Der Verleger aber sagte, sie müsse doch auch mit in der Sammlung sein*[258] *und es hätte sie jemand anderer arrangiren müssen, der's vielleicht noch weniger verstanden hätte als ich; so machte ich's denn doch schließlich, und merkwürdig, das Arrangement gerade dieser Symphonie machte mir viel weniger Mühe als das vieler der andern Symphonien. — Vor 30 Jahren dirigierte ich die IX. in Karlsruhe. Bei der* ⁶/₈ *Takt-Stelle des letzten Satzes waren die Fagottisten ganz betrunken und es klang schrecklich (Er machte es köstlich nach, wie sie tonlos bliesen). Ich erlaubte mir nun, ganz kurz noch einmal beginnen zu lassen und das gab damals einen argen Skandal über den schlechten Dirigenten, der das Orchester ganz herausgeworfen hatte. Wenn sich das jemand Anderer erlaubt hätte als ich, so wäre es ihm noch übler ergangen."* — Der Meister zeigte, wie Er im Scherzo dirigire, den 3taktigen Rhythmus im ³/₄ Takt und sonst nicht *„wie Lachner", „als wenn man Holz hacken müßte immer gerade aus. —* "[259]

3. *„Nun wollen Sie zur Abwechslung dummes Zeug treiben?"* Die Anfangstakte von Nr. I. sehr staccato, sehr gestoßen. Beim 2. Thema den Unterschied zwischen den gebundenen und den staccato-Stellen recht ordentlich hervorheben. — *„Da die Leute nicht zufrieden sind, wenn sie nicht am Schlusse einen Akkord hören, so können Sie ja da am Ende ein paar Akkorde anbringen."* Er machte eben 2 Akkorde in der Tonart. — *„Nun wollen Sie auch noch das 2. miserable Zeug da spielen?" „Diese Stücke zeigen, daß der Componist kein Conservatorium absolviert hat, er versteht die Gesetze der Harmonielehre gar nicht."* —

[255] R. Wagner: Zum Vortrag der neunten Symphonie Beethovens.
[256] R 376.
[257] Vgl. R 376.
[258] Die Ausgabe der 9 Sinfonien erschien 1865 bei Breitkopf & Härtel.
[259] Franz Lachner.

Auf Seite 4 sagte der Meister daß die 2 ersten Sechzehntel immer doch nicht zu sehr aneinander gespielt werden dürfen, sondern etwas getrennt sein müssen. Bei den Passagen rechts in der letzten Zeile sagte Er, *„ich mache Sie aufmerksam, daß wenn Sie öffentlich spielen, die Noten eben immer bei Passagen gut klingen müssen und deshalb doch gut anzuschlagen sind im Piano."* — Das Thema S. 6 eher ziemlich rasch und sehr keck und lustig — der Meister schlug dabei köstlich fesch in die Hände wie im höchsten Übermut. Bei dem nächsten Thema nicht zu langsames Tempo und *„recht deutlich."* Bei der letzten Zeile, S. 9, sagte Er, *„Der braucht lange bis er fertig wird."* Seite 16, *„noch immer weiß der fade Kerl was und wird nicht fertig."* Die paar Takte S. 17, letzte Zeile sehr lustig immer und links fesch gestoßen. — *„Zum Schluß können Sie noch einen Forte-Akkord anbringen."*

4. Es war herrlich, den Meister während des sehr schön gespielten Stückes anzusehen. — Alle Steigerungen recht kräftig. Nichts allzulangsam. Auch nicht den ³/₄-Takt. — Als Herr Müller-Hartung [260] sagte, daß das Stück herrlich sei: Der Meister: *„Es geht an, es kann's mit andern aufnehmen. —"*

5. Anfang nicht gar zu langsam. Beim 2ten Thema immer *„mit Verschiebung".* An der Stelle, wo die linke Hand übergreift, immer die Triole gut im Takte

6. *„Nehmen Sie das Ganze etwas leichter und machen Sie ein kleines Präludium."* Der Meister machte selbst eines von 3 Akkorden. — Die Steigerung sehr rasch. Die Stellen mit dem Gis in der Octave rechts, sehr feurig u. glühend.

Sonntag, 12. Juli [1885], 4ʰ bei Stahr's mit dem Meister.

| | |
|---|---|
| 1. F. Liszt: „Hunnenschlacht" [261] | (Sandt und Göllerich) |
| 2. F. Liszt: Polonaise E-dur [262] | (Frl. Mettler) |
| 3. F. Liszt: „Salve Polonia" [263] | (4hdg. Göllerich und Sandt) |
| 4. H. Wieniawski: 2 Nummern | (Frl. Senkrah) |
| F. Liszt: Elegie an Moukhanoff [264] | (Frl. Senkrah) |
| 5. F. Liszt: „Mazeppa" [265] | |

Sonntag, 12. Juli, Abends 8 Uhr, Stradals
Abschieds-Souper mit dem Meister bis 10ʰ.

[260] Karl Müller-Hartung (1834—1908), 1872—1902 Direktor der großhzgl. Orch.- und Musikschule in Weimar. Vgl. Anm. 102 und Göllerich I, 83.
[261] Symphonische Dichtung, Übertragen f. 2 Klaviere, R 367.
[262] Polonaise Nr. 2, E-dur, R 44.
[263] Interludium aus dem Oratorium Stanislaus. Für Klav. 4hdg. R 330.
[264] R 471c; vgl. R 76.
[265] Symphonische Dichtung, übertragen f. Klav. 4hdg. R 320.

Montag, 13. Juli [18]85, XII. Stunde, 4 [h]. [266]

1. F. Liszt: Waldesrauschen [267]
2. L. v. Beethoven: Anfang des G-dur-Concertes Nr. 4, op. 58 [268]
3. F. Chopin: „Impromptu" Fis-moll [?]                     (Paramanoff)
4. F. Chopin: Fis-moll-Scherzo [?]                          (Lomba)
5. L. v. Beethoven: As-dur-Sonate                     (Frl. Bregenzer)
6. G. Meyerbeer-Liszt: I. Afrikanerin-Fantasie [269]      (Göllerich)
7. F. Liszt: 1. Polonaise C-moll [270]                     (Frl. Fokke)


Dienstag, 14. Juli [18]85, Frühstück mit dem Meister allein.

Mittwoch, 15. Juli, [18]85, XIII. Stunde, 4 [h].

1. F. Schubert: Menuett H-moll — F-moll Rondo          (Frl. Schnobel)
2. L. v. Beethoven: Sonate op. 27 Nr. 1 (Es-dur)       (Frl. Mettler)
3. A. Henselt: [271] „Entschwundenes Glück", Etude
   A. Rubinstein: „Walzer" aus „Le bal" op. 14           (Hr. Lutter)
4. F. Liszt: „Marseillaise" [272]                        (Göllerich)
*„Allegro schleppando". „Celibritätskutsche".*


Freitag, 17. Juli [18]85, XIV. Stunde, 4 [h].

1. F. Chopin: Zweites Concert F-moll op. 21 (Klindworth) [273]
                                                 (Frl.   u. Frl. Fischer)
2. F. Chopin: F-moll-Ballade op. 52                   (Frl. Burmester)
3. F. Liszt: Rhapsodie Nr. 12 (Joachim) [274]          (Hr. Brodhag)
4. F. Liszt: H-moll-Ballade [275]                 (Hr. Georg Liebling)
5. F. Chopin: I. Satz u. Scherzo der H-moll-Sonate op. 58     (v. d. Sandt)

[266] Von der XII. Stunde an notiert hier Göllerich nur die Programme der Stunden. Bemerkungen fehlen.
[267] Zwei Konzertetuden. 1. Waldesrauschen, R 6.
[268] Siehe Anm. 177.
[269] Illustrations de l'Africaine. R 224.
[270] 2 Polonaises. 1. C-moll. R 44.
[271] Aus den 12 Konzertetuden op. 2.
[272] La Marseillaise, R 95.
[273] Ausgabe von Karl Klindworth.
[274] Wahrscheinlich Rhapsodie Nr. 12 von F. Liszt. Bearb. f. V. u. Kl.; die Violinstimme stammt von J. Joachim. R 106, 12.
[275] F. Liszt: 2. Ballade R 16.

Samstag, 18. Juli [18]85, Frühstück mit dem
Meister allein und Fahrt nach
Halle und zurück mit dem Meister.
Sonntag, 19. Juli [18]85, Nachmittags von
¹/₂ 5—³/₄ 7 ʰ beim Meister.


Montag, 20. Juli [1885], XV. Stunde, 4—¹/₂ 7 ʰ.

1. J. S. Bach — Liszt: Orgel-Toccata [?]                    (Frl. Sonntag)
2. J. Herbeck: Tanzweisen [276]                              (Göllerich)
3. L. v. Beethoven: G-dur-Concert 1. u. 2. Satz, in der Bearbeitung Liszts [277]
                                            (Frl.        u. Hr. Liebling)
4. F. Chopin: H-moll-Sonate op. 58, Finale                   (Sandt)
   A. Rubinstein: „Walzer" aus „Le bal" op. 14               (Sandt)
5. L. v. Beethoven: Kreutzer-Sonate A-dur op. 47          (Der Meister)
                                                           (Frl. Senkrah)


Mittwoch, 22. Juli, [18]85, XVI. Stunde, 4 ʰ.

1. F. Chopin: I. Satz u. Scherzo der H-moll-Sonate op. 58    (v .d. Sandt)
2. F. Liszt: „Pester-Carneval" (2mal) [278]                  (Frl. Geiser)
3. F. Liszt: II. Paganini-Etude [279]                        (Frl.        )
4. F. Liszt: Sonett nach Petrarca [280]                      (Frl. Schnobel)
5. F. Liszt: Héroïde élégiaque [281]                         (Hr. Liebling)
6. R. Wagner: „Am stillen Herd" Transcription [282]          (Göllerich)
   Darnach Whistpartie beim Meister — 7 ʰ.

[276] Tanzmomente. R 171. Da nach F. Raabe eine Bearb. „f. Kl. 4hdg. wohl nicht von
Liszt" stammen dürfte, könnte eine solche f. Kl. 2hdg. existiert haben, da Göllerich
allein vorspielte.
[277] Vgl. Anm. 177.
[278] Ungarische Rhapsodie Nr. 9 R 106, 9.
[279] Grandes Etudes de Paganini. R 3b.
[280] Années de Pèlerinage. Deuxième Année. 4—6. R 10b.
[281] F. Liszt: Rhapsodie Nr. 5, R 106, 5.
[282] Aus „Die Meistersinger von Nürnberg". Bearb. v. F. Liszt. R 281.

Donnerstag, 23. Juli [1885]. 11 [h] beim Meister
während des Rasirens.

Freitag, 24. Juli [18]85, XVII. Stunde 4—1/2 6 [h].

1. J. Raff: Scherzo op. 148                                    (Frl.          )
2. F. Liszt: Feux follets [283]                                (Frl.          )
3. F. Chopin: A-moll-Etude und H-moll [-Etude] [284]    (Hr. Westphalen)
   Anfang der Sexten-Etude mehrmals zur Übung [285].
4. G. Verdi — Liszt: „Don-Carlos"-Fantasie [286]               (Göllerich)
5. J. Raff: I. Sonate f. Violine u. Clavier op. 73. (Frl. Senkrah u. Hr. Liebling)
                                       (Adagio eine Seite der Meister)
6. Scherzo hieraus nochmals allein              (Rosenthal u. Senkrah)

Freitag, 24. Juli [1885], nach der Stunde Whistpartie.
Samstag, 25. [Juli 1885], 10 [h] beim Meister allein.
(Tempo rubato. — Nicht anmelden.)

Montag 26. [Juli 1885]. 4—1/2 6 [h] XVIII. Stunde.

1. A. Henselt: Variationen op. 1                              (Frl. Fokke)
2. L. v. Beethoven: E-moll Sonate op. 90                    (Frl. v. Liszt)
3. [?] Symphonie I. u. II. Satz                          (Hr. Bass(?) u. Frau)
4. [?] Russische Fantasie                           (Verschiedene vom Blatt)
5. C. F. Weitzmann: Canon's [287]          (4hdg. Ansorge, Sandt, Rosenthal)
6. C. F. Weitzmann: Variationen über das Thema f g, e a, d h, cc
                                                      (Ansorge u. Siloti)

Nach der Stunde spielte der Meister mit Frl. Senkrah die
„Elégie an die Gräfin Moukhanoff" [288]

[283] R 2b, 5.
[284] op. 25, Nr. 11 und op. 25, Nr. 10.
[285] op. 25, Nr. 8.
[286] Transkription. R 268.
[287] Carl Friedrich Weitzmann. Rätsel f. Klav. zu vier Händen (Kanons).
[288] R 471.

Montag [26. Juli] ½ 12ʰ vormittag beim Meister.

Teleki u. Deák zum 1. Male gespielt. — [289]
„Composition wie Reinecke [290] oder Bruch [291] (Deák-Anfang) — Abt [292] — "
„Richtiges Todtenkammer-Stück — gleich an Sie gedacht".
„Das ist Nachts wie unter dem Rebendach beim Elefanten." (Abt)


Dienstag 27. Juli [18]85. ½ 5—½ 7 ʰ Whist-Partie beim Meister.


Mittwoch, 28. Juli [18]85, XIX. Stunde, 5ʰ—½ 7ʰ.

1. F. Chopin: F-moll-Etude [293]                                        (Frl. Bregenzer)
2. L. v. Beethoven: A-dur-Sonate op. 2, Nr. 2                    (Frl. Fischer)
3. Der Meister As-dur-Etude op. 10, Nr. 10 von F. Chopin
4. F. Chopin: F-moll-Concert I. Satz [294]        (Frl. Mettler, Hr. Westphalen)
5. L. v. Beethoven: G-dur-Concert Nr. 4, op. 58, letzter Satz [295]
                                                                                (Frl. _____ Liebling)


Darnach Whist-Parthie beim Meister — ¾ 8 ʰ.
Donnerstag, 29. Juli [18]85, ½ 5—½ 8 ʰ
Whist-Parthie beim Meister.


[289] Historische ungarische Bildnisse f. Klav. 2. Ferenc Deák. 3. László Teleki. R 112.
[290] Carl Reinecke.
[291] Max Bruch.
[292] Franz Abt.
[293] op. 25, Nr. 2 oder op. 10, Nr. 9.
[294] 2. Konzert F-moll, op. 21.
[295] Siehe Anm. 177.

1. L. v. Beethoven: Sonate op. 27 Nr. 2 (Mondschein-Sonate)

(Frl. Burmester)

2. J. Brahms: Variationen über ein Thema v. Händel [296]    (Frl.   )
3. R. Schumann: 8 Phantasiestücke
   „Kreisleriana", op. 16, I. II. u. letzter Satz    (Frl. Fritz)
4. J. Reubke: Sonate B-moll    (Hr. Dayas)
5. F. Liszt: II. Ballade [297]    (Frl. Geiser)


Freitag 30. Juli [18]85 10$^h$ vormittag beim Meister
beim Rasiren vorgelesen.

Um 11$^h$ beim Photographen spielte der Meister
die
F-dur-Violon-Sonate op. 24 („Frühlingssonate")
v. L. v. Beethoven I. Satz und Scherzo
mit Frl. Senkrah.


Samstag, 1. August, [1885], Mittags beim Meister zum Speisen.

Dann Whist-Parthie — $^1/_2$4$^h$.
Um 5$^h$ wieder dort — $^3/_4$8$^h$ Abends.
Sonntag, 2. August [18]85. Vor der Kirche beim Meister.
Nach der Kirche den Meister zu 2 Besuchen begleitet,
dann 1$^h$ bei Ihm gespeist — $^1/_2$4 dort;
dann von $^1/_4$5$^h$—6$^h$ Whist-Parthie.


[296] 25 Variationen und Fuge über ein Thema v. G. F. Händel op. 24.
[297] R 16.

Montag, 3. August [1885], XXI. Stunde 4—6ʰ.

1. L. v. Beethoven: Sonate appassionata F-moll op. 57          (Fr.   )
2. R. Schumann: 8 Phantasiestücke „Kreisleriana" op. 16 (die 3 übrigen Sätze)
                                               (Frl. Fritz)
3. F. Chopin: C-moll-Etude op. 25, Nr. 12 [?] und As-dur-Etude op. 10, Nr. 10
                                           (Hr. Stavenhagen)
4. J. Raff: Suite I. Satz
5. Beethoven-Cantate — Liszt — Saint-Saëns [298]         (Göllerich)
6. F. Liszt: 1. Valse oubliée [299] [Vier oubliées]        (Frl. Schnobel)


Darnach — ½ 8 ʰ Whist-Parthie beim Meister.
Dienstag, 4. August [1885], 11 ʰ, beim Meister;
½ [2] Ihn begleitet zu Wohlmuth und Herrn Pfarrer
(durch den Garten) und nach Hause.


Mittwoch 5. August [1885] XXII. Stunde.

1. F. Liszt: Rhapsodie XI. A-moll [300]           (Frau Mildner)
2. Liebesscene u. Fortuna's Kugel aus Goldschmidt's „Die sieben Todsünden [301]
                                         (Göllerich)
3. [?] Rhapsodie im trotzigen Zigeuner-Styl.        (Frl.   )
4. F. Chopin: Barcarolle op. 60                (v. d. Sandt)
5. F. Liszt: Concert-Solo [302]             (Fr. Pászthory)
6. Liszt: „Gaudeamus"-Humoreske [303]      (Göllerich u. Liebling)


Beethovens C-moll-Violin-Sonate [304]
Der Meister u. Frl. Senkrah


---

[298] Improvisation sur la Beethoven — Cantate de F. L. pour Piano par C. Saint-Saëns. R 538.
[299] Trois Valses oubliées. R 37 (Vier Valses oubliées)
[300] Ungarische Rhapsodie Nr. 11. R 106, 11.
[301] Oratorium von Adalbert v. Goldschmidt. Bearb. v. F. Liszt. R 165.
[302] R 18.
[303] R 342; vgl. R 541.
[304] op. 30/2.

Donnerstag 6. August [1885] von 4 <sup>h</sup>—5 <sup>h</sup> Vorspielen
beim Meister zugehört, dann von 5 <sup>h</sup>—¼ 7 <sup>h</sup>
Whist-Parthie.
Freitag 7. August, Frühstück mit dem
Meister nach der Kirche — ³/₄ 9 <sup>h</sup>.


Freitag, 7. August [1885] XXIII. Stunde.

1. F. Smetana: Polka de Salon (mit Präludium vom Meister)     (Fr. Mildner)
2. F. Liszt: „Künstler-Festzug" [305] (2mal ganz)     (Göllerich)
3. R. Schumann: „Carneval" op. 9     (Frl. Burmester)
4. F. Liszt: A-dur-Concert [306]     (Ansorge u. Friedheim)


Darnach — 8 <sup>h</sup> Whistparthie beim Meister.
Samstag 8. August [1885], 4 <sup>h</sup> Whist-Parthie.
(Faust = Monolog = Vortrag von Herrn Zöllner.)
Darnach ich beim Meister geblieben und mit Ihm
Abend gegessen bis ¼ 11 <sup>h</sup> Nachts dort vorgelesen.
(Rousseau)
Meister am Sopha.
Sonntag 9. August [1885] ¹/₂ 9 <sup>h</sup> Meister in die Kirche abgeholt.
Darnach nach Hause begleitet. Nachmittag um
4 <sup>h</sup> Whist-Parthie—7 <sup>h</sup>.


Montag 10. August [18]85. XXIV. Stunde. (40 Personen)

1. L. v. Beethoven: Fuge aus op. [307]     (Hr. Lamond)
2. R. Schumann: A-moll-Concert op. 54     (v. d. Sandt)
3. F. Liszt: Rhapsodie in Es-dur [308]     (Liebling)
     (Frl.   mit Liebling)
4. Violin-Concert von     (Hr.   u. Sandt)
5. „Mosé-Fantaisie" von [309] für Harfe     (Hr. Posse)

[305] R 187.
[306] Zweites Konzert. R 456.
[307] op. 35. Es-dur. 15 Variationen und Fuge (Eroica-Variationen).
[308] Siehe Anm. 278
[309] Vielleicht nach „Moise", Oper v. G. Rossini.

Darnach Doppel-Whist=Parthie beim Meister.
Dienstag 11. August [18]85. Vormittag 12 h beim
Fotografen mit dem Meister.
Nachmittag 4 h Whist-Parthie. (Doppel)


Mittwoch 12. August [18]85. XXV. Stunde

1. J. N. Hummel: Septett [310]                        (Frl. Ranuchewitsch)
2. F. Liszt: Mazeppa-Etude [311] (Das 2. Clavier ganz der Meister) (Hr. Lamond)
3. F. Gernsheim: Violin-Sonate, I. Satz [312]            (Hr.     u. Sandt)
4. L. v. Beethoven: Sonate pastorale [313]               (Miss Fay)
5. H. v. Bülow-Liszt: Dante-Sonett [314]                 (Göllerich)
6. A. Dvořák: Clavier-Concert G-moll
   I. Satz                                          (Fr. Mildner u. Göllerich)
7. F. Liszt: Es-dur-Concert [315]                   (Fr. Pászthory u. Sandt)


Mittwoch [12. August 1885] vormittag 10 h beim Meister, Lieder gezeigt, der Meister die Änderung der „3 Zigeuner" [316]
gezeigt, die Er in Karlsruhe gemacht hat. —
Nach der Stunde Doppel-Whist-Parthie- 8 h beim Meister.
Donnerstag 13. August 85. ¼ 11 h Vormittag
beim Meister. Erste Spielung der Composition
des russischen Volksliedes.


310 Für Klav. übertragen v. F. Liszt. R 172.
311 Etudes d'exécution transcendante 4. R 2b.
312 Gernsheim schrieb 4 Violinsonaten.
313 op. 28, D-dur.
314 Dantes Sonett „Tanto gentile e tanto onesta". Übertragen v. F. Liszt. R 144.
315 Erstes Konzert. R 455.
316 F. Liszt: Die drei Zigeuner (N. Lenau). Vgl. R 612 u. 650.

Freitag 14. August [1885] XXVI. Stunde.

1. J. Raff: Aus der Suite (Marsch)                                   (Frl.    )
2. Carl Tausig — Bach: Toccata D-moll [BWV 913]        (Frl. Ranuchewitsch)
3. J. Brahms: Paganini-Variationen, A-moll, op. 24, I. Heft.     (Hl. Lamond)
4. F. Chopin: Variationen [317]                                     (Frl. Fritz)
5. F. Chopin: Nocturne E-dur, op. 62, Nr. 2 u. F-moll-Ballade. op. 52, Nr. 4
                                                                   (Hl. Lutter)
6. L. v. Beethoven: Waldstein-Sonate                              (Frl. Fokke)
7. Th. Kullak: Octaven-Etude [318]                               (Frl. Geiser)
8. F. Liszt: E-dur-Polonaise [319]                                 (Frl.    )
9. F. Liszt: Pester-Carneval [320]                             (Frl. a. d. Ohe)


Darnach Whistparthie (doppelt) bis 8 Uhr.
Samstag 15. August [1885] Meister in die Kirche abgeholt, dann Ihn zu „Chemnicius" u. zurück
begleitet [321].


Sonntag, 16. August, [1885] Meister in die Kirche
abgeholt. *„Sie sind immer eingeladen, als mein Mitarbeiter."*
Nachmittag ausnahmsweise (XXVII). Stunde.

1. F. Chopin: Etude As-dur op. 10, Nr. 10 (2mal) und die darauffolgende
Es-dur op. 10, Nr. 11                                          (Frl. Bregenzer)
2. F. Liszt: 3. Dante-Sonett [322] und
N. Paganini: Etude Es-dur [323]                             (Hr. Stavenhagen)
3. D. F. Auber-Liszt: Tarantella aus der „Stummen" [324] [von Portici]
                                                              (Frl. aus d. Ohe)
4. E. Lassen-Liszt: Oster-Hymne [325]                            (Göllerich)
5. F. Liszt: Des-dur-Etude [326]                                  (Frl. Koch)
6. F. Gernsheim: Sonate II. und letzter Satz        (Hr. (Violine) u. Sandt)
Darnach Whist (Doppel) bis 8 Uhr.

[317] Wahrscheinlich „Variations brillantes" op. 12.
[318] Aus „Schule des Oktavenspiels" op. 48.
[319] 2 Polonaises. 2. E-dur R 44.
[320] Rhapsodie Nr. 9 „Pester Karneval". R 106.
[321] Lokal, in dem Liszts Schüler verkehrten. Vgl. Lachmund, S. 273 u. 279.
[322] Années de Pèlerinage. Deuxième Année. 6. R 10b.
[323] R 3b.
[324] Tarantella di Bravura ... R 117.
[325] E. Lassen: Aus der Musik zu Hebbels Nibelungen und Goethes Faust. Übertragen v. F. Liszt. R 176, II. 1.
[326] Etudes ... R 2b, 11. Harmonies du soir.

Montag, 17. August, [1885], früh ¹/₄8ʰ mit dem Meister
allein gefrühstückt — ¹/₂9ʰ.
Nachmittag XXVIII. Stunde.

1. R. Wagner—Liszt: „Am stillen Herd" ³²⁷             (Frau Pászthory)
2. R. Wagner-Liszt: „Isoldes Liebestod" ³²⁸          (Frl. a. d. Ohe)
3. Th. Kullak: Octaven-Etude       (Frl. Geiser u. Frl. Remmert)
4. L. v Beethoven: I. Satz der letzten Sonate C-moll, op. 111    (Hr. Lamond)
5. L. v. Beethoven: C-moll-Concert Nr. 3, op. 37,
    I. Satz mit der Cadenz vom Meister      (Frl. Sonntag u. Sandt)
6. J. Raff: Valse-Caprice op. 111[?]            (Mildner)
7. F. Liszt: Dante-Fantasie ³²⁹             (Hr. Lomba)
8. F. Liszt: „Die Genfer Glocken" ³³⁰         (Frl. Rosenstock)

Darnach Whist bis 8 Uhr — doppel und zum Schluß
die Vorspiele der amerik. Stücke durch Miss Fay
und Frl. Senkrah (!!!)
Dienstag, 18. August [1885], Vormittag ¹/₂11
beim Meister.
Nachmittag Whist-Parthie.

Mittwoch, 19. August [1885], Mittags ¹/₂ [?] Uhr
beim Meister zum Diner geladen.
(Bronsart)
Um 4ʰ XXIX. Stunde

1. R. Schumann: Fantasie C-dur, op. 17 bis zum Schlußsatz.    (      )
2. Joachim Raff: Aus der Suite             (Frl.     )
3. F. Liszt: Bülow-Marsch ³³¹            (Göllerich)
4. F. Chopin: Scherzo op. 20? (nicht das Gouvernanten)    (Hr. Thomán)
5. Xaver Scharwenka: Variationen op. 83        (Frl. Koch)
6. F. Liszt: G-moll-Fantasie und Fuge ³³² und
    J. Strauss-Tausig: „Nachtfalter" ³³³        (Frl. a. d. Ohe)

³²⁷ Aus „Die Meistersinger von Nürnberg". Bearb. v. F. Liszt, R 281.
³²⁸ Isoldens Liebestod aus „Tristan und Isolde". Bearb. v. F. Liszt R 280.
³²⁹ Années de Pèlerinage. Deuxième Année. 7. R 10b.
³³⁰ Années de Pèlerinage. Première Année. 9. R 10a.
³³¹ R 52.
³³² Fantasie und Fuge für Orgel. R 120.
³³³ Valses — Caprices d'après J. Strauss ... par Charles Tausig.

7. A. Rubinstein: G-dur-Concert Nr. 3, op. 45 I. u. II. Satz

(Frl. Mettler u. Hr. Liebling)

8. Gabriel Fauré: Sonate A-dur f. Violine u. Clavier op. 13

(Frl. Senkrah u. Liebling)

Darnach Whist (doppel) — 8 Uhr.
Donnerstag 20. August [1885]. 11 ʰ beim Meister.
Nachmittag um 4 ʰ dort zur Whistparthie
bis ¹/₂ 7 ʰ.
Darnach ich dem Meister—³/₄ 8 ʰ Briefe
vorgelesen und Gottschalg's [334] Aufsatz u. Mei-
sters dabei sehr viel erzählt (Heine, Wagner,
Meyerbeer, — (Wunderschön!.)
Freitag 21. August [1885] ¹/₂ 12 ʰ den Meister abgeholt
zum Besuche bei Miss Fay [335]. Dann der Mazeppa-
Ritt durch die Brauhaus- u. Erfurter-Straße.
Dann zu Hammer und zum Elephanten. (Anekdoten)

Dort Diner — ¹/₂ 4 ʰ — dann XXX. Stunde.

1. A. Dvořák: Concert G-moll, op. 53. II. u. III. Satz

(Frl. Mildner u. Göllerich)

2. L. v. Beethoven: Letzte Sonate op. 111 C-moll
Schlußsatz
Andante mit Variationen                        (Lamond)
op. 109 E-dur

3. L. v. Beethoven: C-moll-Concert Nr. 3, op. 37
II. Satz u. Finale [336]           (Frl. Sonntag u. Sandt)

4. R. Schumann: Fantasie, letzter Satz C-dur, op. 17        (                )

5. F. Liszt: Waldesrauschen u. Valse impromptu [337]        (Frl. Rosenstock)

6. A. Rubinstein: Finale des G-dur-Concertes
Nr. 3, op. 45                      (Frl. Mettler u. Liebling)

7. F. Liszt: 1. Polonaise [338]                      (Portugiese) [339]

Dann Doppel-Whist bis 8 Uhr

[334] Alexander Wilhelm Gottschalg, Hoforganist in Weimar. Vgl. R 382.
[335] Amy Fay, amerikanische Schülerin von Liszt.
[336] Siehe Anm. 177.
[337] Zwei Konzertetüden. R 6, 1 und R 36.
[338] 2 Polonaises. 1. C-moll. R 44, 1.
[339] José Viana da Motta.

Samstag 22. August [1885]. Vormittag ½ 11ʰ beim
Meister bis ³/₄ 1ʰ Ihm vorgelesen, beim Rasiren.


Nachmittag 4ʰ Musik mit Bowle beim Meister:
1. Charles Philippe Lafont: Duo nach der Romance [340]
              (Frl. Ranuchewitsch, Hr. Grützmacher u. Hr. Rösel [342])
2. J. N. Hummel: Septett [341]          (Frl. Ranuchewitsch)
                 Bowle.
[2a]. B. Smetana: Concert-Polka
3. Hans v. Bronsart: Trio G-moll
              (Frl. Ranuchewitsch, Hr. Grützmacher u. Hr. Rösel [342])


Dann Whist-Parthie. Darnach ich noch
bis ¹/₂ 9ʰ dem Meister vorgelesen und Ihn
dann noch zur Baronin [v. Meyendorff] begleitet. —
Sonntag, 23. August [18]85.
Um ¹/₄ 8ʰ beim Meister gefrühstückt.
(Der Meister am Sopha). (Honig).
Dann Ihm vorgelesen (Fröbel) [343] bis ³/₄ 9ʰ.
Um 9ʰ mit Ihm in die Kirche gegangen.


Nach der Kirche wieder bei Ihm. (*„Daß kein Unglück nit g'schieht".*)
Um 4ʰ XXXI. Stunde beim Meister.
1. L. v. Beethoven: A-dur-Sonate op. 2 Nr. 2        (Frl.   )
2. M. Moszkowski: Valse op. 11 Nr. 2        (Frl. Jagwitz)
3. P. I. Tschaikowskij—Liszt: Polonaise aus „Onegin" [344]    (Hr.   )
4. Paul Pabst: Concert-Fantasie über Motive aus „Onegin" [345]  (Frl.   )
5. F. Liszt: III. Mephisto-Walzer [346]        (Frl. a. d. Ohe)
6. D. F. Auber—Liszt: Tarantella aus der „Stummen" [von Portici] [347]
                              (Frl. Koch)
7. Nikolaus Rubinstein: Walzer        (Hr. Liebling)
    Darnach 3fache Whist-Parthie beim Meister
        in beiden Zimmern.

[340] Lafont schrieb 200 Lieder (Romanzen).
[341] Für Klav. übertragen v. F. Liszt. R 172.
[342] Arthur Rösel (1859—1934), 1887—1906 Hofkonzertmeister in Weimar.
[343] Wahrscheinlich Friedrich Fröbel (1782—1852).
[344] Übertragen v. F. Liszt. R 262.
[345] Eugen Onegin von P. I. Tschaikowskij.
[346] R 38.
[347] Tarantella di Bravura … Bearb. v. F. Liszt. R 117.

Montag 24. August [1885]. Vormittag 11 ʰ beim Meister.
## 4ʰ XXXII. Stunde.

| | |
|---|---|
| 1. Wilhelm Berger: Präludium und Fuge | (Berger) |
| 2. F. Liszt: Feux follets [348] | (Lamond) |
| 3. R. Schumann: Toccata op. 7 | (Berger) |
| 4. F. Liszt: Concert-Solo [349] | (Frl.    ) |
| 5. José Viana da Motta: Barcarole und Fantasie | (Motta) |
| 6. F. Liszt: 2 Transcriptionen aus Mozarts Requiem [350] | (Göllerich) |
| 7. C. Saint-Saëns-Liszt: Danse macabre [351] | (Lutter) |
| 8. F. Liszt: Variationen über „Weinen und Klagen" [352] | (Friedheim) |

Dann Doppel-Whist bis 8 Uhr.

Dienstag 25. August. Vormittag ½ 12 ʰ mit Friedheim beim
Meister. Ihm beim Rasiren vorgelesen. Nachmittag Whist (mit
Davidoff) [353]
Darnach ich Meister Bülow-Biographie vorgelesen — ½ 9 ʰ.
*„Ich unterrichte aus dem Großen Clavier".*
Mittwoch 26. August [1885]. Auf den Brief vom Meister
um 11 ʰ dort. („Barbier von Bagdad"). Er am
Sopha. Dann 2 Briefe für den Meister geschrie-
ben. — Um 3 ʰ ich vorgespielt „Präludium" und
„Requiem". Dann bei Meister.
Donnerstag 27. August [1885]. Vormittag 11 ʰ beim
Meister. Vorgelesen. (Dort gespeist.)

## Nachmittag XXXIII. Stunde.

| | |
|---|---|
| 1. L. v. Beethoven: 6. Variationen [354] | |
| 2. R. Schumann: Variationen op. 1 [355] | |
| 3. B. Smetana: Etude (2 mal) | (Frl. Mildner) |

[348] Etudes . . . 5. R 2a, 5.
[349] Großes Konzertsolo. R 18.
[350] Confutatis und Lacrymosa. R 229.
[351] C. Saint-Saëns: Danse macabre. Bearb v. F. Liszt. R 240.
[352] Variationen über den Bc. des ersten Satzes der Kantate „Weinen, Klagen, Sorgen,
Zagen" v. J. S. Bach. R 23.
[353] Karl Davidow, russ. Violoncellist. Siehe Göllerich II, 114 und 116.
[354] Ohne weitere Angaben.
[355] Thema und Variationen über den Namen ABEGG op. 1.

4. C. M. v. Weber: Polacca E-dur (Henselt) [356]         (Frl. Mettler)
5. J. Brahms: Aus den 10 Clavier-Stücken [357]     (Frl. Rosenstock)
6. F. Chopin: Fantasie                          (Lamond)
   Scherzo [?] und Marsch                  (Friedheim)
   op. 72, Nr. 2 (Trauermarsch)

Darnach Whist—8 Uhr.
Dann dem Meister vorgelesen (Sedan-Feier) bis ½ 9 Uhr.
Freitag 28. [August 1885]. Vormittag ½ 12 h beim Meister.

Nachmittag XXXIV. Stunde.

1. F. Liszt: Soirée de Vienne E-dur [358]        (Hr. Brodhag)
2. F. Chopin: H-moll-Sonate op. 58          (Motta)
3. C. Cui: Nocturne
   Scherzo Cis-moll op. 39, 3)           } Fr.
4. F. Liszt: F-moll-Etude [359]            (Frl.   )
   7. Rhapsodie [360]                 (Goepfart)
   I. Ballade [361]                   (Liebling)
5. L. v. Beethoven: As-dur-Sonate op. 110   (Frl. Koch)

Dann Whist und darnach ich dem Meister vorgelesen und Ihn begleitet
Samstag 29. August [1885]. Vormittag ½ 12 h beim
Meister. Er die Stelle aus dem „Confutatis" [362] vor=
gespielt und aus „Leier und Schwert" und „Lützows
Jagd" v. Weber. — [363]
Dann rasirt.

---

[356] Ausgabe von A. Henselt.
[357] 6 Klavierstücke op. 118 / 4 Klavierstücke op. 119.
[358] Valses caprices d'après Schubert. (Aus den Walzern op. 9, 33, 77 u. a.) R 252.
[359] Etudes ... 10. R 2b.
[360] R 106, 7.
[361] R 15.
[362] W. A. Mozart: Confutatis und Lacrymosa aus dem Requiem. Bearb. v. F. Liszt R 229.
[363] Bearb. v. F. Liszt. R 285.

Nachmittag Musik beim

Meister um 4$^h$.
1. J. Raff: II. Sonate[364]          (Frl. Senkrah und Frl. Bregenzer.)
2. F. Liszt: „Orpheus" im Arrangement für Trio
   von C. Saint-Saëns[365]          (Siloti, Senkrah, Grützmacher)
3. C. Cui: Suite op. 21             (Frl. Senkrah)

Dann Whist-Parthie. Darnach ich<br>
dem Meister vorgelesen und Ihn begleitet.<br>
Sonntag 30. August [1885]. 9$^h$ Meister in die Kirche<br>
abgeholt. — Dann Gabelfrühstück beim<br>
Meister. —

Nachmittag um 5$^h$ XXXV. Stunde.

1. F. Liszt: Sonett[366]
2. F. Chopin: H-moll-Scherzo op. 20.
3. L. v. Beethoven: Es-dur-Concert Nr. 5, op. 73[367]    (Friedheim u. Ansorge)
4. J. Raff: Fantasie u. Fuge aus der Suite               (Lamond)
5. H. Littolff: II. u. III. Satz des (!) Concertes[368]  (Liebling)

Montag 31. August [1885]. — 12$^h$ beim Meister.<br>
Dort gespeist. Vorgelesen.

Um 4$^h$ XXXVI. Stunde.

1. J. S. Bach: Präludium u. Fuge aus dem Wohltemperirten Clavier.
   (Verschiedene; ein Präludium der Meister gespielt)[369]
2. F. Liszt: Franziskus auf den Wogen schreitend[370]   (Lamond)
3. F. Liszt: „Vom Fels zum Meer"[371]                   (Göllerich)

---

[364] 2. Sonate f. V. u. Klav. op. 78.
[365] Orpheus. Sinf. Dichtung v. F. Liszt, bearb. v. Saint Saëns, f. Klav. u. Vc. Vgl. R 415.
[366] Années de Pèlerinage. Deuxième Année. 4—6. R 10b.
[367] Siehe Anm. 177.
[368] Wahrscheinlich 3. Konzert-Symphonie f. Klav. u. Orch. über volkst. holländische Themen.
[369] Vgl. Sechs Präludien u. Fugen f. d. Orgel. Übertragen f. Klav. v. F. Liszt. R 119.
[370] Légendes. 2. St. François de Paule marchant sur les flots.
[371] Deutscher Siegesmarsch. R 50.

Dann Whist und vorgelesen.
Dienstag 1. September [1885]. 12 ʰ beim Meister.
Dort gespeist. — Um 4 ʰ Whist-Parthie.
Mittwoch 2. September [1885].
Mit Meister in Leipzig im Concert und
in Tristan.
Donnerstag 3. September [1885]. Um ¹/₂ 12 ʰ beim Meister
Briefe u. Zeitungen vorgelesen beim Rasiren.
Dann dort gespeist. —

## Um 4ʰ XXXVII. Stunde.

| | |
|---|---|
| 1. P. I. Tschaikowskij: Polonaise aus „Onegin" [372] | (Frl. Jagwitz) |
| 2. C. M. v. Weber: As-dur-Sonate op. 39 | (Motta) |
| 3. F. Liszt: „Cantique d'amour" [373] | (Frl.    ) |
| 4. J. S. Bach: Chromatische Fantasie u. Fuge [374] | (Lamond) |
| 5. J. S. Bach: Fuge [375] | (Goepfart) |
| 6. F. Liszt: I. „Cypressen" [376] | (Göllerich) |

Dann Whist-Parthie und ich dem Meister Briefe vorgelesen.
Er mir ins Liederbuch geschrieben. —
Freitag 4. September [1885]. Um 11 ʰ beim Meister. Beim
Rasiren vorgelesen. Dann dort gespeist. —

## Um 4ʰ XXXVIII. Stunde.

| | |
|---|---|
| 1. C. M. v. Weber: Sonate As-dur op. 39. Scherzo und Rondo | (de la Motta) |
| 2. F. Liszt: Am Wallenstädter-See [377] | (Frl. Fokke) |
| 3. F. Chopin: Cis-moll-Nocturne op. 27, Nr. 1 | (Lamond) |
| 4. F. Liszt: Feux-follets [378] | (Frl. Sonntag) |
| 5. F. Liszt: Impromptu [379] | (Fr. Mildner) |
| 6. F. Liszt: „Huldigungs-Marsch" [380] | (Göllerich) |
| 7. F. Mendelssohn: Präludium u. Fuge. [381] | (Frl. Rosenstock) |

[372] Bearb. v. F. Liszt. R 262.
[373] Harmonies . . . Nr. 10. R 14.
[374] BWV 903. Wahrscheinlich Ausgabe v. F. Liszt (nur Fantasie) oder H. v. Bülow.
[375] Vgl. R 119.
[376] Années de Pèlerinage. Troisième Année. 2. R 10e.
[377] Anées de Pèlerinage. Première Année. 2. R 10a.
[378] Etudes . . . 5. R 2b.
[379] R 59.
[380] R 49.
[381] Aus „6 Präludien und Fugen für Klavier" op. 35.

Dann Whist-Parthie. Dann vorgelesen bis zum Bade.
Samstag 5. September [1885]. Vormittag beim Meister und dort
gegessen. Nachmittag Whist-Parthie bis ¹/₂ 7 ʰ.
Dann für den Meister Briefe geschrieben und bis 9 ʰ Abends dort.
Ihn dann hinübergeführt ³⁸².
Sonntag 6. September [1885]. Mit dem Meister in der Kirche
gewesen. Darnach dort (mit Gille) ³⁸³ bis zum Speisen und dort
gespeist.
Montag 7. September [1885]. Vormittag beim Meister. Ihm die
Tarantella ³⁸⁴ vorgespielt. Um ¹/₄ 4 ʰ — zur Stunde vorgelesen.
Dienstag 8. September [1885]. Vormittag beim Meister und Ihm
beim Rasiren vorgelesen. Gegen 4 ʰ wieder dort (Fr. Helldorf)
Whist-Parthie (Ramann) ³⁸⁵ dann dort — ³/₄ 8 ʰ. Dann den
Meister zu Fr. Stahr geführt ³⁸⁶. Um 11 ʰ wieder mit Staven-
hagen nach Hause geführt. (Memoiren)

## XXXIX. Stunde
### Sonntag 6. September [1885]

1. L. v. Beethoven: Letzte Sonate C-dur op. 111            (Frl. Koch)
2. A. Glasounoff: Ouvertüre über 3 griechische Themen ³⁸⁷    (Verschiedene)

## XXXX. Stunde
### Montag 7. September [1885]

1. F. Schubert: Variationen B-dur ³⁸⁸             (Hr. Hache) [?]
2. F. Chopin: Variationen op. 12 (Ludovic) ³⁸⁹      (Frl. Rosenthal)
3. L. v. Beethoven: Les Adieux Es-dur, op. 81a und Sonate [?]    (Thomán)
4. F. Liszt: Sunt lacrymae rerum ³⁹⁰            (Göllerich)

---

[382] Baronin v. Meyendorff.
[383] Dr. Gille.
[384] Wahrscheinlich F. Liszt: Années de Pèlerinage. Deuxième Année. Venezia e Napoli
Nr. 3. R 10c.
[385] Lina Ramann (1833—1912), Biographin Liszts. Errichtete mit Ida Volkmann
(1838—?) die Ramann-Volkmannsche Musikschule in Nürnberg, deren Direktion
(auch von Cosima Wagner empfohlen) 1890 A. Göllerich übernahm.
[386] Siehe Anm. 197.
[387] Glasunow schrieb 2 Ouvertüren über griechische Themen op. 3 und op. 6.
[388] Aus op. 142, Nr. 3 (4 Impromptus).
[389] G. Ludovic (Pseud. f. Jean Louis Gobbaerts), Komponist.
[390] Années de Pèlerinage. Troisième Année. 5. R 10c.

Mittwoch 9. September. [1885] Um $^{1}/_{2}$ 2$^{h}$ Diner beim Elephanten.
Um 4$^{h}$ XXXXI. Stunde

1. R. Schumann: Toccata op. 7                                       (Frl. Sonntag)
2. W. A. Mozart: D-moll-Fantasie KV 397                          (Motta)
3. L. v. Beethoven: Hammerklaviersonate B-dur op. 106         (Lamond)
4. G. Sgambati: Etude                                          (Frl. Mettler)
5. F. Liszt: Cypressen,[391] Trauermarsch[392] und Sursum corda[393]    (Göllerich)

Dann Whist. Und dann vorgelesen — $^{1}/_{2}$ 9$^{h}$. Meister hinübergeführt[394] und dann noch — $^{1}/_{2}$ 10$^{h}$ mit Hofrath zusammengesessen[395].

[391] Années de Pèlerinage. Troisième Année. R 10e.
[392] Trauervorspiel und Trauermarsch. A. Göllerich gewidmet. „Weimar, Sept. 1885." R 84. Nach Göllerich II, 145, im Mai 1886.
[393] Anm. 390. 7.
[394] Baronin v. Meyendorff.
[395] Dr. Gille.

ROM

11. November 1885 — 12. Jänner 1886

### I. Stunde, Dienstag, 11. Nov[ember], [18]85.

1. F. Liszt: II. Ballade [396]                         (Stradal)
2. F. Chopin: Präludium (H-moll und G-dur und F-dur) Zügenglöckchen!!
   beim H-moll Präludium [397]                           (Thomán)
3. J. Brahms: Scherzo                                (Gulli)
4. F. Liszt: A-moll-Rhapsodie [398]                (Frl. Schmalhausen)

### II. Stunde 13. November [18]85

1. F. Liszt: Héroïde élégiaque [399]                   (Stradal)
   Unterschied zwischen Triolen und Achteln, Thema mit der linken Hand.
   Daumen.
2. F. Liszt: Weinen und Klagen [400]                (Stavenhagen)
   Die beiden Hände scharf treñen.
3. N. Paganini: A-moll-Etude [401]                  (Ansorge)
   Thema schnell und pizzicato.
4. F. Liszt: Franciskus auf den Wogen [402]         (Thomán)

### III. Stunde 16. Nov[ember] Soñtag [18]85.

1. F. Schubert: In der Ferne [403]                   (Stradal)
2. F. Liszt: II, Liebestraum [404] g statt gis.         (Gulli)
3. E. Lassen: 2 Lieder [405]                       (Göllerich)
                                   (nicht zu langsam)

---

[396] R 16.
[397] op. 28; Nr. 6, 3, 23.
[398] Nr. 11 oder 13.
[399] Rhapsodie Nr. 5.
[400] Wahrscheinlich Variationen. R 24.
[401] F. Liszt: Grandes Etudes de Paganini. R 3b.
[402] Légendes. 2. St. François de Paule marchant sur les flots. R 17.
[403] Schwanengesang. Nr. 6. Übertragen v. F. Liszt. R 245.
[404] Liebesträume. 3 Notturnos. Seliger Tod („Gestorben war ich"). R 211.
[405] Löse meine Seele. R 173. Ich will in tiefer Einsamkeit. R 174.

1. F. Liszt: Tasso-Triumpf [406]                                    (Göllerich)
   Die Achtelbewegung links ganz
   gleichmäßig im Takte und die
   Triolen (!) nicht eilen.
2. F. Liszt: Orage [407]                                            (Stradal)
   Nicht schnell und die Oktaven sehr schwer
   F. Liszt: Ricordanza. [408]                                      (Schmalhausen)
3. F. Chopin: Polonaise C-moll, Nr. 4 und A-dur Nr. 3              (Ansorge)
   C-moll langsam und schwer, vor dem Schluß des 1. Teiles die 3 as (Achtel)
   rechts sehr hervorheben. A-dur nicht zu schnell; bei der Wiederkehr das
   1. Thema piano.
4. H. Berlioz-Liszt: Benvenuto Cellini-Fantasie [409]             (Göllerich)
   I. Thema „der Cardinal", das 2. Thema ganz langsam und die Oktaven im
   Basse nicht stark und sehr gestoßen.
   Meister spielte den Anfang der 1. Polonaise von F. Chopin [Cis-moll] und
   bemerkte, daß das Thema im Anfang (rechts) zuerst stark und dann das 2. Mal
   ganz piano gespielt werden muß.
   Nach der Stunde nochmals „Tasso" vor Sgambati gespielt. —

V. Stunde 20. Nov[ember][18]85.

1. F. Liszt: Ave Maria nach Arcadelt und Alleluja [410]          (Göllerich)
   Ave Maria ziemlich schnell und im̄er die Glocken-Begleitung in den ver-
   schiedenen Stim̄en hervorheben — ursprünglich ist es ein a-capella-Chor.
2. F. Liszt: I. Sonett von Petrarca [411]                         (Stradal)
3. F. Chopin: As-dur-Polonaise                                    (Ansorge)
   E-dur-Stelle — Kavallerie (!) nirgends hetzen — die mit $>$ versehenen
   Baßnoten gut hervorheben und dumpf spielen.
4. F. Liszt: Funérailles [412]                                    (Stavenhagen)
   Die 16tel des 1. Themas sehr schwer, wie alles getragen
   Im Anfang nicht zu schnell stark werden.

[406] Le Triomphe funèbre du Tasse. R 184.
[407] Années de Pèlerinage. Première Année. 5. R 10a.
[408] Etudes d'exécution . . . 9. R 2b.
[409] Bénédiction et Serment, deux motifs de Benvenuto Cellini. Übertragen v. F. Liszt.
      R. 141.
[410] Alleluja et Ave Maria (d'Arcadelt). 1. Alleluja. 2. Ave Maria von Arcadelt. R 68.
[411] Années de Pèlerinage. Deuxième Année. 4. Sonetto del Petrarca Nr. 47. R 10b.
[412] Harmonies poétiques . . . 7. R 14.

5.  F. Liszt: 3. Petrarca-Sonett [413]                                        (Schmalhausen)
6.  F. Chopin: As-dur Prelude, op. 28, Nr. 17                                (Thomán)
Es muß „amoroso appassaionato" gespielt werden, ziemlich rasch und gegen
den Schluß das As als Glockenton im Baß hervorheben.
ad 3  Auch beim ersten Thema gleich zu Anfang die Bässe (Oktaven) deutlich hervorheben.
ad 5  Die erste Triole des Themas ja nicht zu schnell, sondern sehr getragen
jeder Ton.

## VI. Stunde, 22. Nov.[ember] [18]85.

1.  F. Liszt: Vision [414]                                                   (Stradal)
Ziemlich schnell. Im 3. Takte im Baß muß die letzte $1/8$ Note nicht „es", sondern
c heißen. Ebenso die 1. Note im 4. Takte.
2.  D. Scarlatti—Bülow: Gigue [415]                                         (Thomán)
(nicht zu schnell abkapseln)
3.  F. Liszt: Paganini-Etude Nr. 2, Es -dur [416]                           (Gulli)
den ersten Ton des Laufes im̄er markiren. Mittelsatz nicht zu schnell.
4.  F. Liszt: Campanella [417].                                             (Ansorge)
Die Glocken im̄er streng im Takt und präcis — das Ganze ziemlich schnell.
5.  L. Spohr: „Die Rose" [418]                                              (Göllerich)
Honorar, Spohr-Album. Ähnlichkeit mit der Pagen-Arie aus „Figaro".
6.  C. Cui: Tarantelle [419]                                                (Göllerich)
Den Es-dur-Satz ziemlich stram̄.

[413] Années de Pèlerinage. Deuxième Année. 6. Sonetto del Petrarca Nr. 123. R 10b.
[414] Etudes d'exécution ... 6. R 2b.
[415] D. Scarlatti, 18 Stücke. Bearb. v. H. v. Bülow. Vgl. MGG 2, Spalte 450 f.
[416] Grandes Etudes ... R 3b.
[417] R 3a. Vgl. R 231.
[418] Bearb. v. F. Liszt. R 259.
[419] Übertragen v. F. Liszt. R 148.

## VII. Stunde, 24. Nov.[ember 1885], Montag.

1. F. Liszt: 3. Petrarca-Sonett [420]                    (Schmalhausen)
2. G. Meyerbeer—Liszt: Robert-Fantasie [421]            (Stradal)

   Seite 4 das Ritenuto sehr breit, nach den ersten 2 Noten des Recitativs etwas warten bis die nächsten 2 gespielt werden. Tempo I. ziemlich schnell und die 3 letzten 32tel immer eine Oktave höher spielen

bis zum obersten fis:

                                           staccato

Seite 5:        — bis

letzter Takt erstes 8tel    2mal spielen,

   das 1. Mal sotto voce, das 2. Mal mf. Ebenso von da an bis zum 3. Takt der Seite 6, 2mal spielen, das 2te Mal die Oktaven rechts fis, g eine Oktave höher spielen; 5. Zeile die 3 h sehr marcato und im Folgenden im̄er gut den Rhythmus hervorheben.
   Seite 7, das Thema äußerst gesangvoll. Die Oktaven letzte Zeile S. 8 (fis, g) wieder eine Oktave höher. S. 10, ³/₄ Takt sehr singend, wiegend und links manchmal den Rhythmus etwas hervorheben, ♫ ♩ ♩, staccato rechts und sehr bequemes Tempo. Seite 12, letzte Zeile das Thema mit dem Daumen links enorm spielen. (5ᵐ Unterbrechung) „so daß es recht schwierig aussieht.“ Seite 17, das molto animato sehr schnell. Seite 20 von der 4. Zeile an Moll und nicht Dur spielen (bis Tempo deciso S. 21.).
   Die übrigen Änderungen siehe die Noten-Notizen.
   Seite 10, 1. Takt letzte Zeile stark ritardiren.
   Schlesinger'sche Ausgabe ist hier überall gemeint.

[420] Siehe Anm. 413.
[421] Siehe Anm. 100.

## VIII. Stunde. Dienstag, 24. [25.] Nov.[ember] [18]85.

1. G. Meyerbeer-Liszt: Robert-Fantasie [422]                  (Stradal)
2. E. Lassen: Über allen Zauber Liebe [423]                  (Göllerich)
3. Aus den Chopin-Liedern [424]                                    (Fr.      )
4. F. Liszt: 1. Ballade [425]                                            (Gulli)
Das 1. Thema nicht zu langsam. Die Triller am as lange und mit der Fanfare „as as"

Vor dem Eintritt des Marsches die Sexten sehr getragen und gesangvoll. Den Marsch sehr fesch und schnell, später auch das 1. Thema. —
5. G. Martucci: 3 Stücke                                        (Frl. Cognetti)
ad Robert-Fantasie. Letzte Seite, 2. Takt der 9. Zeile, die Akkorde links eine Oktave höher.

## IX. Stunde, 26. November [18]85.

1. J. Burgmein: Paysages [426]                              (Frl. Cognetti)
2. R. Wagner—Liszt: Holländer-Fantasie [427]        (Göllerich)
3. F. Liszt: Introduction und Thema aus „Hexameron" [428]
   F. Chopin: As-dur-Polonaise                          (Stavenhagen)
Wenn man will, gegen den Schluß hinauf Oktaven nehmen, statt einfach.
4. Ugo Bassani: 2 Stücke                                          (Fr.      )
5. F. Liszt: 10. Rhapsodie [429]                            (Frl. Cognetti)

[422] Siehe Anm. 100.
[423] Symphonisches Zwischenspiel (Intermezzo) zu Calderons Schauspiel „Über allem Zauber Liebe." Übertragen von F. Liszt. R 175.
[424] F. Chopin: 17 polnische Lieder, op. 74.
[425] R 15.
[426] Pseudonym für den Verleger Giulio Riccordi (1840—1912), der auch als Komponist und Schriftsteller hervortrat.
[427] Vgl. R 273, 274.
[428] Hexameron... Grandes Variations... sur le Marche des Puritains (V. Bellini). R 131.
[429] „Preludio". R 106, 10.

Im Anfang beim 3. Lauf hinauf ritardiren und graciös pikant spielen, sowie die nächsten Takte sehr rhythmisch vortragen.

6. F. Liszt: Beethoven-Cantate [430]                    (Göllerich und Stradal)


## X. Stunde, 27. November, [18]85.

1. F. Schubert: Aufenthalt [431]                                    (Stradal)
   Du bist die Ruh'! [432]
2. Trockene Blumen [433]                                           (Göllerich)


## XI. Stunde, 28. November, [18]85.

1. F. Schubert: Trockene Blumen [434]                            (Göllerich)
2. R. Schumann: Carnaval op. 9                              (Frl. Cognetti)
   Promenade auffallend langsam
3. D. Scarlatti — Tausig: 2 Stücke                              (Thomán)


## XII. Stunde. 1. Dec.[ember 18]85.

1. V. Bellini—Liszt: Norma-Fantasie [435]                          (Stradal)

Das Thema Seite 2 nicht zu stark, nur mf. Seite 3, f-Stelle sehr nobilmente, Takt 2, Zeile 2 den Lauf sehr schnell. Von Takt 2 der 3. Zeile sehr beschleunigen, Seite 5, 1. Takt, 2. Zeile, die 2 ersten Oktaven e, d, sehr fest herausheben. fff = Allegro sehr schnell. Seite 7, letzte Zeile, die Begleitung rechts immer staccato. S. 9 letzter Takt der ersten 1. Zeile heißt der 1. Akkord fis h, e, nicht g, h, e. Vor più lento Seite 10, langer Triller fis, g und lange Pause. ⌒

---

[430] Festkantate zur Enthüllung des Beethoven-Denkmals in Bonn, R 340.
[431] Schwanengesang. 3. R 245.
[432] Lieder. 3. R 243.
[433] Sechs Melodien von F. Schubert. Übertragen v. F. Liszt. R 248, 4.
[434] Siehe Anm. 433.
[435] Réminiscences de Norma. R 133.

ad Norma-Fantasie. Im ganzen folgenden Teil das Thema sehr singen und die Begleitung ganz ppp, auch die Paukenschläge. Das ff muß erst Seite 13 erreicht werden. Seite 14 ziemlich schnell.

2. F. Chopin: X. Polonaise F-moll              (Thomán)
„Dilettantisches Werk"

3. F. Liszt: Fest-Vorspiel [436] Hallberger-Abonnement    (Göllerich)
Berceuse. Forum.

4. F. Schubert: Ständchen (horch!) [437]         (Frl. Cognetti)
Der Meister                  (Schnell-„ciseaux")

5. F. Schubert: „Leise flehen" [438]

6. A. Rubinstein: Gelenks-Etude              (Cognetti)

7. F. Liszt: Impromptu [439]           (Frl. Schmalhausen)

8. F. Liszt: Consolations Des-dur und E-dur [440]    (Stavenhagen)
Des-dur — das Thema immer sehr breit und nicht zu piano.
E-dur — nicht zu langsam.


## XIII. Stunde, 3. Dec.[ember] [18]85.

1. Adele a. d. Ohe: Präludien           (Alle vom Blatt)

2. a) F. Liszt: Canzonetta napolitana [441]
   b) H. Berlioz: Sylphentanz aus Faust [442] 2mal    (Göllerich)
a) Vorspiel leicht und flatterhaft, Thema der Canzonette etwas langsam.
b) Die Begleitung ziemlich kurz, ganz ppp, die Einleitung „Wie im Traume"
— das ganze Tempo ziemlich langsam, den Baß etwas hervorzuheben.

3. F. Chopin: C-moll-Nocturne Nr. 8 und das entsprechende Präludium
                                (Frl. Cognetti)

4. F. Liszt: Benediction [443]              (Stradal)

5. F. Liszt: Ave-Maria aus den 12 Kirchen-Chören [444]    (Frl. Cognetti)

6. Die 2 letzten Paganini-Etuden [445]           (Ansorge)
Die vorletzte E-dur sehr schnell.

7. F. Schubert: Du bist die Ruh [446]          (Frl. Cognetti)

---

[436] Festvorspiel — Prélude. Hallberger-Abonnement bezieht sich darauf, daß das Werk bei Hallberger in einer Sammlung „Das Pianoforte" erschien. R 47.
[437] Lieder. 9. R 243.
[438] Lieder 7. Ständchen („Leise flehen") R 245.
[439] R 59.
[440] R 12, Nr. 4 und Nr. 2.
[441] Wahrscheinlich Années de Pèlerinage. Deuxième Année. 3. R 10b.
[442] H. Berlioz: Danse de Sylphes de „La Damnation de Faust". Übertragen von Franz Liszt. R 142.
[443] Harmonies poétiques ... 3. R 14.
[444] R 497.
[445] Grandes Etudes ... E-dur, A-moll. Göllerich II, 283 und R 3b.
[446] Lieder. 3. R 243.

1. E. d'Albert: Cadenz aus dem Clavierkonzert [447]        (Stavenhagen)
2. L. v. Beethoven: Egmont-Ouverture [448]        (Frl. Cognetti)
   „*Allegro nicht zu schnell; das heroische Motiv immer gestoßen, Schluß nicht zu schnell.*"
3. F. Chopin: Barcarolle op. 60        (Gulli)
4. H. Berlioz—Liszt: Pilger-Mond [449] 2 mal        (Göllerich)
5. F. Liszt: Des-dur-Consolation [450]        (Thomán)

XV. Stunde 8. December [18]85.

1. Etude und I. Satz einer Symphonie        (Hr. Coupez) [Dupez?]
2. F. Liszt: Invocation und Ave Maria [451]        (Stradal)
a) rasch und feurig.
b) Die Begleitungsakkorde des Themas fast unhörbar spielen; das Recitativ stark, die darauffolgenden Akkorde nur mf. Am Schlusse des Stückes die Akkorde ganz kurz stoßen.
3. L. v. Beethoven: Waldstein-Sonate
   C-dur op. 53.

I. Satz nicht zu schnell, letzter Satz ganz ruhig und sehr mäßig anfangen das Thema, der Rhythmus ist immer ♪ ♩, bis zum alla turca, alle Passagen ganz ruhig im Takte, ohne brillantes Drängen. Den Schluß sehr schnell.
4. R. Schumann: D-dur-Novelette [452] (festlich)        (Thomán)
   Ziemlich getragen, 2. Teil nicht retardiren. Die Sechzehntel im Thema mit Oktaven spielen! (indem zum Beginn das fis etc. — eine Oktave höher gespielt wird.)

---

[447] E. d'Albert schrieb die Klavierkonzerte H-moll op. 2 und E-dur op. 12.
[448] Vgl. Felix Raabe „Verloren oder nicht aufzufinden" in Raabe II, S. 361.
[449] Marche des Pèlerins de la Sinfonie „Harold in Italie". Übertragen v. F. Liszt. R 139.
[450] Consolations. 4. R 12.
[451] Harmonies poétiques . . . 1. 2. R 14.
[452] R. Schumann: Aus „8 Noveletten" für Klavier, op. 21.

1. C. M. v. Weber: Leyer und Schwert [453]                    (Stradal)
Jagd nicht zu schnell
2. F. Liszt: Elegie des Pr. v. Preußen [454]                    (Göllerich)
   Sehr ruhig, den Unterschied zwischen den gewöhnlichen und den smorzando-
Stellen gut machen, die Preludio-Stelle sehr harpegirt, *„nach Art der chromatischen Fantasie"*. Das aller-erste Thema auch in seinem 2. Teil (Seite 4) nie
sehr stark. Beim 2ten Thema auf Seite 6, zuerst den Baß einfach nehmen und
das 2. Mal erst die Triolen im Baß.
3. A. Rubinstein, C-dur-Etude                    (Frl. Cognetti)
4. F. Liszt: Munkácsy-Rhapsodie [455]                    (Thomán)
   Die Oktaven des Basses, namentlich von Takt 3 der III. Zeile an, sehr
hervorheben.
5. A. Borodin: Suite [456]                    (Stavenhagen)
   F. Chopin: I. Nocturne                    der Meister

1. L. v. Beethoven: Adelaide [457]                    (Stradal)
   Die Triolen-Begleitung im Anfang gut von der Bewegung des Themas abheben. Die pp.-Stellen alle unendlich leise und zart. Die Cadenz nicht zu stark
anfangen. Den II. Teil ziemlich rasch.
3. F. Schubert: Die Gestirne [458] und Allmacht [459] (Einleitung)                    (Göllerich)
*„Was die Leute für Titel (Concert-Transcript.) machen!"*
   Die Gestirne nicht zu schnell. Am Schlusse Seite 23 nur rechts tremoliren,
links in Triolenbewegung in der Mittellage 4 Klänge nehmen
4. F. Chopin: Scherzo H-moll nicht das *„Gouvernanten-Scherzo"* (Frl. Cognetti)
   Die Stelle nach dem 1. Thema nicht zu schnell. Das 2te Thema sehr gesangvoll, getragen und langsam, die Begleitung kaum hörbar,

die

und dann „g" sehr hervorheben. Zum Schlusse Oktaven hinauf nehmen.
                    (Frl. Cognetti)

---

[453] Übertragen von F. Liszt. R 285.
[454] Elégie sur de motifs du Prince Louis Ferdinand. R 75.
[455] 16. Rhapsodie, gewidmet dem ung. Maler Mihály Munkácsy (1846—1900), der ein
   bekanntes Lisztbildnis schuf.
[456] Petite Suite op. 1.
[457] Übertragen v. F. Liszt. R 121.
[458] Geistliche Lieder. 3. R 247.
[459] Die Allmacht. „Groß ist Jehova der Herr". Bearb. v. F. Liszt. R 652.

5. F. Chopin: a) Des-dur-Prelude, Nr. 15
            b) I. Prelude C-dur
            c) Cis-moll-Nocturne op. 27, Nr. 1

(Ansorge)

a) Den 2. Teil ziemlich rasch, die 3ff-Akkorde sehr einschneidend und in leidenschaftlichem Tempo spielen.

b) 2mal spielen. Zum Beginn Alles sehr stark, rasch, erst am Schlusse p.

c) Die 5-Tole so spielen, daß die 5 Noten ganz gleichwertig sind (nicht 2 und Triole), den Mittel-Teil sehr lustig und sehr schnell. Die herrliche Schluß-Stelle nicht zu sehr langsam ritardirt. Die leidenschaftliche Stelle nicht gar zu schnell und gar zu fff.

6. A. Borodin: Suite                                        (Stavenhagen)

7. F. Liszt: Obermann-Thal [460]                              (Göllerich)

Die Stelle mit den gebrochenen Akkorden Seite 11 nicht zu langsam
Auch nicht die Stelle Seite 4 zu langsam

## XVIII. Stunde 15. Dec.[ember] [18]85.

1. F. Chopin: F-moll-Fantasie op. 49                           (Thomán)

Das erste eigentliche Marsch-Thema wie von „Militär-Trompeten" geblasen, also breit; die Sext c—a am Schlusse desselben nicht abstoßen, sondern poetisch. Die Oktaven b, b, h (später) ziemlich schnell nacheinander. Von der Stelle agitato an äußerst schnell und sehr drängen vor der ff Stelle mit den gebundenen (und nicht gestoßenen) Oktaven. *„Sich nicht das Hausnummero ansehen"*

Die Stelle f nach den halben Akkorden im Tempo viel langsamer und *„hoch zu Roß"*. Das Lento nicht zu p und breit, das 1. Viertel etwas abheben. Auch am Schlusse der Fantasie diese Stelle (più mosso) viel langsamer statt schneller.                                   (Frl. Schmalhausen)

2. Louis Brassin: Feuer-Zauber
   Nicht zu schnell

3. F. Liszt: 1. Polonaise C-moll                                    (Gulli)

Das 1. Thema sehr rubato. Alle Ornamente nicht zu schnell. Seite 4, die Staccato-Noten im Bass (Takt I) sehr abstoßen und im Rhythmus; die Cadenz sehr träumend. Seite 14, 3. Zeile Schluß des 1. Taktes zwischen dem cis und h einen Ornamenten-Lauf anbringen, der mit dem nächsten h des 2. Taktes schließt. Seite 15, am Schluß des 2. Taktes der 4. Zeile noch längere Zeit die Verzierung dis, ais, h, d, spielen. Seite 17 die Stelle 4. Zeile letzter Takt (marcato) sehr kräftig und breit, auch auf der nächsten Seite.

---

[460] Années de Pèlerinage. Première Année. 6. R 10a.

Seite 19, 2. Zeile 4., 5. etc. — Takt, die Staccato-Akkorde sehr abstoßen. — Von der 3. Zeile an bis zum Schluß das Tempo immer beschleunigen.

*Diese Bemerkungen zur 1. Polonaise sind von Göllerich nicht in Anführungszeichen gesetzt. Es könnte jedoch möglich sein, daß es sich hier um Anweisungen Liszts handelt, die er dem Vorspielenden gibt.*

4.  R. Schumann: a) Widmung [461]

b) Provençalisches Minnelied [462]                    (Göllerich)

a) Zum Anfang und Schluß äußerst rasch. Schon bei „schwebe", Seite 4, das ritardando beginnen, ebenso die ⌢ Seite 5 berücksichtigen. Seite 6 nicht zu langsam. Letzter Takt, Seite 6, sehr ritardirt und stark den Akkord-Wechsel hervorheben. Das Thema Seite 8, sehr rasch! — Wenn man will, gleich von Seite 10 Zeichen x zu Zeichen x Seite 11 gehen. —

b) Nicht zu schnell, sehr gesungen; alle Verzierungen nicht zu schnell.


## XIX. Stunde 17. December [18]85.

1.  F. Liszt: Dante-Fantasie [463]                    (Stradal)
(Das geistliche Thema nie zu langsam)

2.  R. Franz: 2 Lieder [464]

a)  Der Bote

b)  Der Schalk

(Göllerich)

Das 2. Lied in a) nicht zu stark beginnen, das 1. Lied zum Beginn und Schluß ziemlich schnell.

3.  P. I. Tschaikowskij: [465] Sonate                    (Fr. Helbig)

*„Klavier-Satz schlecht, weil die Hände zu weit auseinander liegen".*

---

[461] Liebeslied (Widmung). Übertragen v. F. Liszt. R 253.

[462] R 254.

[463] Années de Pèlerinage. Deuxième Année. 7. Après une lecture du Dante, Fantasia quasi Sonata. R 10b.

[464] Lieder. II. 3 Lieder (aus op. 3 u. 8). 6. Der Schalk. 7. Der Bote. Bearb. v. F. Liszt. R 163.

[465] Schrieb die Sonaten G-dur op. 37; Cis-moll op. 80; op. posth. (1865).

1. a) F. Liszt: Sposalizio [466]

   b) Paulus auf den Wogen [467]                     (Stavenhagen)

a) Das ganze Stück ziemlich bewegt. Seite 3 sehr accelleriren und im Tempo steigern bis zum $^4/_4$ Takt der ff-Oktaven. Die Stelle più lento Seite 4, nicht zu langsam und auch das quasi Allegretto späterhin ziemlich schnell.

b) Ziemlich stark anfangen das Thema — die ganze 1. Zeile. Erst von der 2. Zeile an das Thema mf. Hier links im̄er tremoliren, nicht 32tel eintheilen. Das 1. Viertel des Thema's ist im̄er etwas abgestoßen während die 3 anderen Viertel gebunden sind durchs ganze Stück.

Die Triole später links im̄er gut hervorheben gegen das tremolo und < spielen. F sparen.

2. Seite, 4. Zeile p spielen das Thema. 4. Seite (68), 3. Zeile das Thema mp spielen, hier bei dem 3. Viertel (nach der Achtel-Note, die das Thema endet) etwas warten, so spielen: ♩ ♪ ♪ ♪ ⌢ ♩.

Seite 69 vorletzte Zeile stark und schnell, Seite 70 im̄er p beginnen und links ◁═══ gut hervorheben.

Von der 4. Zeile dieser Seite an sehr schnell und die staccato-Akkorde links gut abspringen, S. 71, die Stellen „stringendo" sehr wogen und das 16tel ∨ ∧ im̄er sehr kurz abspringen, in denen die Wogen culminiren. Von letzter Zeile Seite 72, 2. Takt, nicht gar zu schnell, sondern deutlich. S. 73 die „non legato"-Stelle sehr staccato. S. 74 sehr schnell und feurig. 3. und 4. Takt bedeutend ritardiren. Von der 2. Zeile an à Tempo sehr schnell. Im Folgenden im̄er gut die Staccati spielen — sehr schnell Alles.

2. G. Meyerbeer—Liszt: Hugenotten-Fantasie [468]        (Ansorge)

Zum Anfang links mit Oktaven den Lauf 3mal und das tiefe c mit Oktave. Die Staccato-Schläge immer sehr kurz und ziemlich schnell. Seite 5 im̄er den ersten Ton der 32tel betonen. Seite 7 fff, das Thema schnell und kurz. Seite 9 vom letzten Takt an nicht zu langsam und im̄er kurz. Seite 10 das Duett ziemlich schnell. Vom 2. Thema des Duettes an immer als Duett spielen, die Stim̄en sondern. Seite 13 die Stelle „Animato" wohl dramatisch, aber nicht zu stark spielen. Seite 14 das Allegro sehr schnell. Seite 15 das Duett sehr leidenschaftlich. Alte Ausgabe Seite 21 vorletzte Zeile, die Stellen „recitando" ganz ängstlich verzweifelt, ebenso ganz dramatisch die ähnlichen Stellen Seite 23. Das Ganze süß und leise, besonders pp. Seite 22 die herrliche Stelle. 1. Takt Seite 24 sehr stark, 2. Takt mit aller Leidenschaft und ganz verzückt. — Im̄er gut das ff und pp. amoroso abwechseln. Vom 3. Takt Seite 24 der 2 Zeile, die linken 64tel ganz kurz abwirbeln und abspringen. Das precipitato stark und schnell. Seite 26 das Feroce sehr schnell und wild, kriegerisch. Die Stelle, neue Ausgabe Seite 29, „delirando" ziemlich schnell und erregt, nicht süß wie vorher. Am Schluß dieser Seite sehr steigern. Das Thema, 2. Zeile, 2. Takt Seite 31, der alten Ausgabe furchtbar wild und erregt ff und im̄er drängen.

---

[466] Années de Pèlerinage. Deuxième Année. 1. R 10b

[467] Légendes. 2 St. Francois de Paule marchant sur le flots. R 17.

[468] Grande Fantaisie sur thèmes de l'opera „Les Huguenots" R 221.

ad Legende.[469] 2. Takt der letzten Zeile Seite 75 mp spielen. Seite 77, vom 2. Takte der 2. Zeile an, imer nach den Akkorden des 1. Viertels etwas warten und die darauffolgenden Läufe dann sehr stark und schnell, rasch. Seite 78 das Gebet, die Cantilene ziemlich stark und sehr breit. Die Staccato-Akkorde der Begleitung nicht zu kurz abzupfen. Zur Sicherheit im 1. Takt der 3. Zeile, das gis mit dem Daumen der linken Hand nehmen. Das Thema am Schlusse dieser Seite gut markiren wie im Anfang und sehr steigern bis zur Stelle „accellerando", (1. Takt der 3. Zeile Seite 79) von wo das Tempo sehr schnell wird. Änderungen siehe Notizen in Noten.

## XXI. Stunde 22. Dec.[ember] [18]85

1. F. Liszt: „Nocturne" [170] „Vörösmarty" [471] „Neue Rhapsodie" [472]   (Stradal)
2. F. Liszt: „Die Trauer-Gondel" [473]                                        (Göllerich)
3. F. Liszt: „Künstler-Festzug" [474]                                         (Göllerich)

Die Staccato-Akkorde zu Anfang immer sehr abstoßen. Den 1. Teil des Motives sehr breit und langsam, die h ordentlich gehalten und das letzte h imer sehr abstoßen. Den 2. Teil des Motives viel schneller. Die Stelle Seite 5, 3. Zeile nicht pressiren, sehr gesangvoll, das rinforzando vorher nicht zu auffällig stark.

## XXII. Stunde 26. Dec.[ember][18]85.

F. Liszt: „Wilde Jagd" [475]                                                  (Stradal)

Sehr schnell. Das 2. Motiv mit der 16tel-Begleitung sehr gesangvoll, die Melodie nicht unterbrechen und den 3. Finger deutlich hörbar untersetzen.

[469] Nachtrag Göllerichs zu 1b)
[470] En Rêve. Nocturne. Gewidmet „seinem jungen Freunde August Stradal". R 87.
[471] Historische ungarische Bildnisse. 5. Mihály Vörösmarty. R 112.
[472] August Stradal?
[473] R 81.
[474] Künstlerfestzug zur Schillerfeier 1859. R 187.
[475] Etudes d'exécution ... 8. R 2b.

## XXIII. Stunde 29. Dec.[ember] [18]85.

1. R. Schumann: G-moll-Sonate, op. 22 (Gulli)
   *„Nicht den Mund ausspielen"* bei den Passagen.

2. R. Schumann: D-dur-Novelette ²/₄Takt.! (Thomán)
   Beim 2. Teil sagte der Meister, *„hier parlieren die Damen". „Als ich in den 40er Jahren das erste Mal von Paris nach Deutschland kam, zeigte mir Schumann das Manuscript dieses Stückes, auf welchem geschrieben stand: Gruß an Franz Liszt in Deutschland."*

3. J. Raff: Präludium und Fuge aus der „Suite" (Lamond)


## XXIV. Stunde 31. Dec.[ember] [18]85.

1. Charles Alkan: Mozart-Motett (Vom Blatt Göllerich und Thomán)
   *„Mo-s-art!" psch! pianissimo"*

2. W. A. Mozart: „Ave verum corpus" [476] — der Meister
   *„Ja bei Stiefelmacher fällt man in Ohnmacht vor Entzücken."*

3. L. v. Beethoven: 33 Veränderungen über einen Walzer von Diabelli op. 120 (Lamond)

1. Variation — *„sehr langsam und majestätisch."*

2. *„pp und schwebend."*

3. *„ruhig, die pp-Stelle im Basse sehr brumen."*

8. *„sehr ruhig."*

11. *„Indifferent — ohne Ausdruck."*

14. *„Sehr langsam, langweilen Sie nur die Leute die da zuhören."*

20. *„Sphinxe."*

22. *„Mozart"* (Meister sang: *„keine Ruh' bei Tag etc."* — aus Don Juan)

26. Pastorale — nicht schnell.

27. Erster Takt immer stark.

28. *„Imer das sf jedesmal ordentlich hören lassen."*

30. Im 2. Teil, bei den 2 ersten Takten, sagte Meister *„das sind die Regenwürmer", Schumann hat sie sehr cultiviert! — "*

31. *„quasi amabile" „nicht ganz, aber quasi." „Rechte Hand sehr accentuiren."*

4. F. Liszt: IV. Rhapsodie in Es-dur. [477] (Stradal)

---

[476] A la Chapelle Sixtine. Miserere d'Allegri et Ave verum corpus de Mozart. R 114.
[477] R 106.

„*Spielen Sie den Anfang ganz als Toison-Ritter!* Die 16tel am Schlusse des Themas nicht accelleriren, sondern etwas (sogar sehr stark) ritardiren. Seite 6 am Ende der vorletzten Zeile, die 2 letzten 32tel Gruppen (zu je 4) einigemale spielen und dann erst die letzte Zeile spielen.

In dieser Zeile sehr diminuiren, zuletzt ganz ppp und sehr ritardiren.

Das Alegretto gar nicht schnell anfangen,

am Schlusse des Themas immer sehr zigeunerisch ritardiren. — Bei jeder Wiederholung immer einen Grad schneller, zuletzt das Thema „*Presto.*"

## XXV. Stunde 2. Jänner [18]86.

1. F. Liszt: Albumblätter [478]                                    (Gulli)
2. Meister spielte die Valse mélancolique [479] und den Anfang des Lucia-Parisiana-Walzers [480]

Sehr rubato, nicht zu langsam.

3. F. Liszt: Invocation nach Goethe. [481]                         (Göllerich)

Nicht zu langsam und Seite 4 letzte Zeilen, sowie zu Anfang der Seite 5, nicht zu stark. Das Thema f letzter Takt Seite 5, ziemlich rasch.

4. F. Liszt: Vogelpredigt [482]                                    (Stavenhagen)

Die 32stel sehr schnell, imer die 3 Achtel ♪♪♩ etwas markiren. Wo der Franciskus eintritt, das Recitativ ziemlich stark.

Die Übersetzungen der linken Hand mit den Vorschlägen immer deutlich und schnell abspringend. Rechts immer mit vielen Noten trillern. — Seite 3, die Terzen links imer sehr abspringen. Ebenso Seite 5 rechts. Das Thema nicht zu langsam. Die übergesetzten Läufe der linken Hand Seite 7 und 8, sehr sprühend und lustig. Die Stelle „un poco espressivo" Seite 7 erste Zeile, nicht ritardiren, ganz einfach. S. 9 das stringendo schnell und brillant. Seite 11 das Thema „solenne" nicht zu langsam. Auch letzter Takt der vorletzten Zeile Seite 11 links, Oktaven. Seite 12, 2. Zeile ganz im Tempo. Seite 14 rechts mit möglichst viel Noten tremoliren. Seite 15 (2b) schnell.

Seite 10, die 32tel rechts, die das Recitativ unterbrechen imer sehr schnell.

[478] Feuilles d'Album. R 62.
[479] F. Liszt. R 33.
[480] G. Donizetti—Liszt: Valse a cappriccio sur deux motifs de Lucia et Parisina. R 153.
[481] Buch der Lieder für Piano allein. 5. Der du von dem Himmel bist (Gedicht v. J. W. Goethe). R 209 und R 568.
[482] Légendes. 1. St. François d'Assise. La Prédication aux Oiseaux (Die Vogelpredigt des hl. Franziskus von Assisi). R 17.

1. F. Liszt: Scherzo und Marsch.[483]

*„Scherziren und marschiren!"* Die gebrochenen Akkorde links im̄er stark und markirt. Seite 15 und 16 bei dem Triller auf a mit der rechten Hand übersetzend, einige Schläge am ganz tiefen a. Im Marsch die punktierten Noten sehr abspringen. Im 3. Takt der letzten Zeile, das letzte Achtel etwas länger halten und betonen (und ebenso in der Fortsetzung.)

2. H. Berlioz: Pilger-Marsch [484]                                                       (Göllerich)
    (schnell)

3. L. v. Beethoven: Es-dur(Eroica)-Variationen op. 35                    (Ansorge)
    Die Noten des Thema's nicht zu einander binden, sondern jede für sich.

    Den Schluß vor dem Eintritt des 2. Thema's stark. 8. Var[iation]. Nicht langsam. 10. Ziemlich schnell. 11. sehr einfach. 14. Das „ces" ritardiren und stark. (sf) 2. Hälfte des Taktes im̄er p, 1. Hälfte stark. Der Meister machte auf die Eigentümlichkeit Beethoven's aufmerksam, daß oft der Sopran und Bass *„Frage und Antwort"* spielen. —

4. H. v. Bülow: Dante-Sonett [485]                                                     (Göllerich)
    Ziemlich schnell das Ganze.

5. F. Liszt: Abendharmonien.[486]                                                      (Lamond)

    Das Akkord-Motiv links nicht zu stark und nicht zu langsam, aber ja nicht drängen. Die G-dur-Stelle im *„möglichsten Pianissimo"*, gar nicht langsam. Der große Gesang äußerst langsam und getragen, die Begleitung ganz kurz. Das Cis mit der linken Hand. (Das molto animato ziemlich schnell).

1. Ch. Gounod—Liszt: Berceuse aus „Die Königin von Saba" [487]   (Göllerich)
2. J. Brahms: „Paganini-Variationen" [488]                                         (Lamond)
                                                (Chanson nègre)

3. Berlioz: Jugend Christi [489]
    „Flucht nach Ägypten" und „Ruhe der heil. Familie" aus der Partitur (Vital)
1. Die Triolen ziehen, etwas schnell das Ganze.
2. Das f am Schlusse des Themas stark.

---

[483] R 20.
[484] Marche des Pèlerins de la Sinfonie Harold en Italie. Übertragen v. F. Liszt R 139.
[485] Tanto gentile e tanto onesta. Übertragen v. F. Liszt. R 144.
[486] Etudes d'exécution 11. Harmonies de soir. R 2b.
[487] Berceuse de l'opera La Reine de Saba. R 167.
[488] 28 Variationen über ein Thema von N. Paganini op. 24, A-moll.
[489] Biblische Trilogie „L'enfance du Christ".

## XXVIII. Stunde 9. Jäner [18]86

1. F. Liszt: Vision [490]                                        (Stradal)
2. F. Liszt: Künstler-Festzug vierhändig [491]        (Stavenhagen und Stradal)
3. F. Liszt: „Abendglocken" und „Mazurka" aus dem Weihnachtsbaum [492]
                                                         (Göllerich und Stradal)
4. A. Aljabjew: Islamey                                          (Lamond)
5. F. Liszt: „Abendglocken" [493]                              (wie früher)
6. F. Liszt: A-moll-Rhapsodie [494]                        (Frl. Schmalhausen)
7. F. Liszt: Es-dur-Paganini-Etude [495]                      (Stavenhagen)
8. F. Liszt: Campanella [496]                                    (Ansorge)
9. H. Berlioz—Liszt: Benvenuto Cellini-Transcription [497]      (Göllerich)


## XXIX. Stunde 12. Jäner [18]86.

1. J. S. Bach: Chromatische Fantasie [498]                    (Stavenhagen)
   Nicht zu schnell, die Läufe imer sehr rasch abspringen.
2. J. Herbeck: Tanz-Momente [499]                              (Göllerich)
   Nr. I. rasch, Nr. 4 leicht und lustig.
3. F. Liszt: I. Mephisto-Walzer [500]                       (Schmalhausen)
4. G. Meyerbeer—Liszt: Robert-Fantasie [501]                   (Stradal)

[490] Etudes d'exécution . . . 6. R 2b.
[491] Künstlerfestzug zur Schillerfeier 1859. R 331.
[492] Weihnachtsbaum. 9. u. 11. R 71.
[493] Weihnachtsbaum. 9. R 71.
[494] Rhapsodie Nr. 11. R 106.
[495] Grandes Etudes de Paganini. R 3b. Nr. 2.
[496] Bravourstudien nach Paganinis Capricen. La campanella R 3a.
[497] Bénédiction . . . de Benvenuto Cellini. R 141.
[498] BWV 903.
[499] R 171.
[500] F. Liszt: Der Tanz in der Dorfschenke. 1. Mephisto-Walzer. (Nr. 2 der „Episoden
     aus Lenaus Faust"). R 181.
[501] Siehe Anm. 100.

PEST

18. Februar 1886 — 25. Februar 1886

I. Stunde, Donnerstag, 18. Februar [18]86.

1. G. Verdi—Liszt: Trovatore-Fantasie [502]                    (Krivácsy)
2. F. Liszt: 2 Valses oubliées [503], Nr. 1 zweimal.          (Göllerich)
3. G. Zichy: Valse d'Adèle [504]                         (Stradal vom Blatt)

1. Die 32stel immer schnell, nicht ziehen, zu Anfang ziemlich schnell das Tempo.
2. Nr. 1. Die Akkorde anfangs ziemlich stark und ganz kurz. Das 1. Thema nicht zu langsam. Das 2. Thema, Seite 2 (scherzando), leicht, pikant und „*frei*" tändelnd spielen. Auf Seite 6 das Thema elegisch spielen; nicht zu walzermäßig. Seite 8 rechts schnell und viel trillern, auch das Tempo beschleunigen. Das Thema zum Schlusse wieder etwas traurig und gefühlvoll. „*Kullak-Schluss!*" Nr. 2. Seite 7 das Quinten-Thema nicht zu schnell und die einzelnen Akkorde ziemlich fest, nicht zu leicht spielen.

II. Stunde in der Akademie
19. Februar [18]86.

1. F. Chopin: Harpeggien-Etude Es-dur, op. 10, Nr. 11        (Hr.          )
2. F. Liszt: Sposalizio [505]                               (Frl.          )
3. F. Liszt: Sposalizio                                     (Göllerich)

3. Zu Anfang rechts den Fingersatz nehmen, der dort steht, wegen des Liegen-Bleibens der Akkorde. — 3. Zeile „*schnell aber ruhig*" — „*gehen Sie weiter.*" Seite 4 mit Verschiebung. Seite 5 das Thema ziemlich bewegt.

III. Stunde, 20. Februar [18]86.

1. G. Verdi—Liszt: Ernani-Fantasie [506]                    (Frl. Krivácsy)
„*Die Coda von mir machte Verdi Spaß.*"
2. Th. Leschetizky: [Chromatischer] Walzer                  (Frl. Krivácsy)

---

[502] Miserere du Trovatore. R 266.
[503] 4 Valses oubliées. R 37. Vgl. F. Raabe: Zusätze zu Bd. II, S. 8, R 37.
[504] Bearb. v. F. Liszt. R 292.
[505] Siehe Anm. 466.
[506] Paraphrase de Concert. R 265; vgl. F. Raabe, „Zusätze z. Bd. II". S. 17, R 293.

„Das heißt gar nichts, ist ganz roh, er hätte es schon bei Chopin bewenden lassen können." Den Minutenwalzer [507] spielte der Meister als Oberstimme dazu. „Das ist natürlich alles fein, nur so skizziert; haben Sie einmal Fr. Stepanoff gehört, die spielt das ausgezeichnet." —

3. C. M. v. Weber: As-dur-Sonate, op. 39 Scherzo und Rondo (in Meisters Ausgabe) [508]. (Frl. )

„An dieser Sonate habe ich mir die meisten Zusätze erlaubt — in allen meinen Ausgaben aber habe ich in großen Noten das Original darunter beibehalten — Beethoven wollte ich nicht herausgeben." Liszt war ganz entzückt von dem Werke. „Bei Weber finden Sie zum 1. Male das Dialogisieren zweier Stimmen, bei Beethoven kaum. — Ich hab's sehr gern." Er machte beim Scherzo bei dem großen Thema immer eine prächtige Gebärde. Das Rondo ziemlich schnell und ganz leicht und lieblich. Am Schlusse desselben sagte Er, „auch ein Schluß."

3. [4.] F. Liszt: Ave Maria (Lebert und Stark) [509] (Göllerich)

Das Thema im Anfang nicht zu langsam und immer mit tiefem E der rechten Hand. Die a tempo-Stelle auf der 2. Seite, das Thema der linken Hand ziemlich fest. Die Glocken-Töne kurz anschlagen, dann klingen sie. Seite 186, die 2. Zeile nicht zu langsam. 3. Zeile sagte Er, „diese Skala ist nicht ganz gewöhnlich." 3. Takt, 4. Zeile, immer gis, „g wäre ordinär." Jetzt sehr drängen, besonders Seite 187 ganz schnell und drängend bis zum fff, wo dann der Bass furchtbar stark ist und das Tempo ganz fest und nicht langsam. Das Diminuendo ganz nach und nach. „Zum Schlusse, damit die Leute wissen, daß es aus ist, den ‚Lohengrin-Akkord‘ spielen."

IV. Stunde, 23. Februar [18]86.

1. F. Liszt: Petrarca-Sonett Des-dur [510] (Frl. Lüders)

Das ganze etwas schnell und feurig und in einem Zuge, ohne großen Fermaten.

2. G. Donizetti—Liszt: Lucia-Fantasie (Septett) [511] (Der Meister)

Er empfahl die Henselt'sche Ausgabe [512] mit den Worten: „Diese Sachen habe ich immer ganz frei, nicht wie gedruckt, gespielt. Henselt hörte es einmal und hat sich dabei Manches abgeguckt, das in seiner Ausgabe enthalten ist. Bei

---

[507] op. 70, Nr. 3.
[508] Vgl. F. Raabe, „Werke anderer Komponisten, hrsg. v. F. Liszt. Weber".
[509] F. Liszt: Ave Maria für die große Klavierschule von Lebert und Stark. R 67.
[510] Années de Pèlerinage. Deuxième Année. 4. R 10b.
[511] Réminiscenses de Lucia di Lammermoor. Nr. 4. R 151.
[512] Vgl. R 151.

diesem Stücke kommt man mit den Cramer'schen Etuden nicht aus, es ist ein Virtuosenstück, das sehr viel und meist sehr schlecht gespielt wird." Die Akkorde links ganz kurz und gleichmässig, das Tempo des Septettes nicht langsam. *„Ein richtiges Hofconcertstück.“*

3. G. Verdi—Liszt: Rigoletto-Fantasie [513]                              (Frl. Krivácsy)

Die Oktaven im Anfang mit 2 Händen, damit sie recht kurz herauskommen. Die Passagen der 3. und 4. Zeile ganz rapid und gewischt. *„Dieses (1.) Thema müssen Sie ganz so spielen, wie ein dummer Tenorist es zu singen pflegt, ganz voll Inbrunst.“* Dieses Thema durchgehends mit sehr großem Ton. Seite 30 im Gegensatz dazu und ebenso durch's ganze Stück, die 16tel rechts ganz kurz und scherzend, leichtfertig, kokett. Die Steigerungen Seite 35 und 36 äußerst heftig und voll Leidenschaft. 3. Zeile, Seite 38, am Schlusse nach jeder Oktaven-Passage ordentlich absetzen.

4. Der Meister gab mir zu spielen das „Ave Maria von Arcadelt" [514]

(Göllerich)

*„Ich habe das Stück sehr gerne, es ist eine Jugenderinnerung für mich.“*

Die Glocken immer ziemlich deutlich und etwas stark. Das Tempo anfangs nicht zu schnell, erst am Schlusse, wo das Thema rechts ist, etwas schneller.

5. Marie Jaëll: Vierhändige Stücke.           (Stavenhagen und Frl. Willheim)

*„Die Walzer gefallen mir besser, übrigens sind ihr die Schlüsse hier nicht übel gelungen.“*

6. Skandinavisches Clavier-Concert [?]                    (Stavenhagen)

*„Furchtbar heroisch“*, der Meister machte eine köstliche Hand-Drohung dabei. *Hier folgen auf 2 Seiten Notizen, die in Göllerich II eingearbeitet sind.*

Am 24. [Februar] wurden von 3 Damen die Bearbeitungen von der Chaconne von Bach gespielt:

1. Von J. Raff
2. Von J. Brahms f. d. linke Hand.
3. Von G. Zichy (Liszt) f. d. linke Hand.

2. *„Ich weiß nicht, warum Brahms Alles in die Cello-Lage versetzt hat.“*
3. *„Diese Bearbeitung ist mir am liebsten, Zichy frug mich dabei um Einiges [515]. Wenn Sie diese spielen, so spielen Sie dieselbe unter dem Namen Brahms, denn dieser hat alle Herzen für sich!“*

[513] Paraphrase de Concert. R 267. Vgl. zu „Trovatore-, Ernani- u. Rigoletto-Fantasie" Göllerich II, 185.
[514] Bearb. von F. Liszt. R 68, 2.
[515] Vgl. F. Raabe „Zusätze zu Bd. II“. S. 29. „Transkription der Chaconne von Bach . . .“.

V. Stunde, 25. Februar [18]86.

1. L. v. Beethoven: F-dur Variationen [516] (Salzburg) [517] *„Nicht Charpie zupfen". „Ein famoses Stück."*
2. G. Corticelli: Italienische Stücke                                                        (Krivácsy)
*„12maliger Hervorruf."*
3. C. M. v. Weber: Leyer und Schwert. [518]                              (              )
Die Jagd nicht zu schnell.
4. F. Liszt: Benediction [519] ([18]48, in Weimar componirt).
5. F. Chopin—Liszt: Meine Freuden [520]                              (Frl.              )
Die Passagen öfters wiederholen.

Der Meister spielte aus dem Gedächtnis eine Etude von Aloys Schmitt [521] und sagte von diesem, *„er erfand die Fingerklopfübungen, die ich auf die Septime ausdehne". „Field [522] legte auf jede Hand ein Thalerstück und spielte so bei ganz ruhiger Hand — ich habe mit dem ‚guide de la main' Apparat Oktaven geübt."* [523]

6. „Una voce poco fà"                                                        (Frl. Jerusalem)

[516] Kinsky-Halm: WoO 64, F-dur oder 76, F-dur (Thema v. F. X. Süssmayr).
[517] Damit ist Liszts Schülerin Hermine Essinger [Esinger] aus Salzburg gemeint.
[518] Übertragungen von F. Liszt. R 285.
[519] Harmonies poétieques . . . 3. R 14.
[520] F. Chopin: 6 Chants polonais op. 74, Nr. 5. Bearb. v. F. Liszt. R 145.
[521] Aloys Schmitt (1788—1866).
[522] John Field (1782—1837).
[523] Vgl. Weitzmann: S. 160 und S. 292.

PEST
Vor dem 2. März 1886 — 6. März 1886

### [Stunde?] [18]86.

1. F. Chopin: Etuden Ges-dur op. 10, Nr. 5 und E-dur op. 10, Nr. 3. Ganzen
   1. Takt stark. 32stel. (Frl. Lüders)
2. F. Chopin: Mazurken.
3. G. Verdi—Liszt: Rigoletto-Fantasie [524]
4. F. Liszt: Gnomenreigen [525]
5. M. Moskowski: Tarantella op. 27, Nr. 2.
6. F. Liszt: 4. Rhapsodie [526]


### Stunde 2. März. [18]86.

1. F. Chopin: Cis-moll-Nocturne op. 27, Nr. 1. (Schmalhausen)
Traumhaft und schwermüthig, nicht zu leicht und dünn.
2. F. Liszt: Ungarischer Sturm-Marsch [527] (Krivácsy)
Nicht zu schnell.
3. F. Liszt: Fixe Idee [528] und Bal [529] (Göllerich)
4. H. Berlioz: Hexen-Sabath [530] (Stradal)
5. H. Wieniawski: Violin-Concert [531] (Hr.        u. Frl. Jerusalem)
6. R. Wagner—Liszt: Liebestod [532] (Frl. Willheim)

[524] Siehe Anm. 513.
[525] Zwei Konzertetuden. 2. Gnomenreigen. R 6.
[526] R 106. 4.
[527] Seconde Marche Hongroise. Ungarischer Sturmmarsch. R 53.
[528] L'Idée fixe. Andante amoroso. Kurzes Klavierstück über das Hauptthema der fantastischen Symphonie von Berlioz. R 135.
[529] H. Berlioz: Grande Symphonie fantastique. 2. Satz „Un bal". Übertragen v. F. Liszt. R 134.
[530] Siehe Anm. 529. 5. Satz.
[531] H. Wieniawski schrieb die V.-Konzerte Fis-moll op. 14 und D-moll op. 22.
[532] Isoldens Liebestod aus „Tristan und Isolde". R 250.

[Stunde] 4. März [1886].

1. Bach'sche Präludien
2. F. Chopin: H-moll-Sonate op. 58, I. Satz und Scherzo
3. C. Tausig: II. Concert-Etude.
4. F. Liszt: Es-dur und Campanella [533]                         (Stavenhagen)
5. F. Liszt: Scherzo und Marsch [534]                            (Willheim)
6. F. Liszt: Spanische Rhapsodie [535]                           (Thomán)


6. März [1886]. (Letzte Pester Stunde).

1. M. Mosonyi—Liszt: Szép Ilonka [536]                          (Krivácsy)
2. F. Liszt: IX. Soirée de Vienne [537] und Genfer Glocken [538]   (Rennebaum)
3. L. v. Beethoven: Waldstein-Sonate op. 53                (Frl. Salzbg.) [539]
4. F. Chopin: Adagio und Finale d. H-moll-Sonate op. 58 (Doorschülerin) [540]
5. E. Lassen: „Löse Himmel" [541]. „Marseillaise" [542]          (Göllerich)
6. J. S. Bach: Fugen
7. R. Schumann: Toccata op. 7.                                (Hr.         )
8. F. Liszt: Elegie [543]                                     ( . . . u. Meister)
   F. Liszt: Elegie                                          ( . . . Stavenhagen)
      (Schnell)
9. F. Liszt: Romance oubliée [544]                              (Göllerich)
                                                             ( . . . Göllerich)
10. [?] Zigeunerweisen [545]                                    (Thomán)
*„Sehr frei"*


[533] F. Liszt: Grandes Etudes de Paganini Nr. 2 und 3. R 3b (Siehe auch Göllerich II, 283).
[534] R 20.
[535] Rhapsodie espagnole. R 90.
[536] Fantasie sur l'opéra hongroise „Szép Ilonka" v. F. Liszt.
[537] Soirées de Vienne. Valses caprices d'après Schubert. R 252. As-dur (Sehnsuchts-walzer).
[538] Années de Pèlerinage. Première Année. 9. Les cloches de Genève. R 10a.
[539] Siehe Anm. 517.
[540] Gemeint ist eine Schülerin von Anton Door (1833—1919), Konservatoriumslehrer in Wien.
[541] „Löse Himmel meine Seele". Übertragen von F. Liszt. R 173.
[542] F. Liszt: La Marseillaise. R 95.
[543] Wahrscheinlich 1. Elegie. R 471.
[544] R 467.
[545] Von Carl Tausig? Sophie Menter schrieb eine Ungarische Fantasie „Zigeunerweisen" für Klav. u. Orch.

WEIMAR

17.—21. Mai 1886

21.—31. Mai 1886

„Am 12. März bestieg Liszt zum letzten Male in Begleitung von Göllerich und Stradal [der am 10. März in der Akademie Liszts „Funérailles" zur Aufführung brachte, welcher der Meister beiwohnte] auf dem Westbahnhof den Zug nach Weimar." [546]

*Er begab sich auf eine Reise, die ihn nach Lüttich, Paris, London, Antwerpen und wieder nach Paris (siehe hierzu Raabe I, 317 Zeittafel) führte. Von dort kommend, trifft er, nach einer Tagebuchaufzeichnung Göllerichs am 17. Mai 1886, ¹/₂ 8 Uhr abends, in Weimar ein. Die entsprechende Eintragung findet sich am Beginn des Tagebuches, Sign.: IV/6. Es beinhaltet Aufzeichnungen, die den Zeitraum vom 17.—21. Mai umschließen und von Interesse sind, obwohl Göllerich einiges in den „Erinnerungen" berichtet. Weitere Notizen und Aufzeichnungen über Stunden vom 21.—31. Mai enthält das Tagebuch, Sign.: IV/2 von Seite 8 an.*

Weimar, Montag, 17. Mai [18]86.

Abends ¹/₂ 8 ʰ Ankunft des Meisters von Paris.

Dienstag, 18. Mai [18]86, früh ¹/₂ 8 ʰ bei Meister [547].

*„Ich habe Fidutz auf meine unverwüstliche Natur."*

*(Dieser Ausspruch Liszts bezieht sich offenbar auf die guten Auskünfte, die er von Munkácsys Arzt in Paris erhalten hat und über die er am frühen Nachmittag laut Göllerichs Eintragung in seinem Tagebuch berichtet.)*

*Wie Göllerich bemerkt, plauderte Liszt sehr angeregt über seine „Komponistensensationen" und erzählte von seinen mannigfachen Erlebnissen in Paris, Lüttich, und sonstigen Begebenheiten an diesem ersten Tage in Weimar.*

*„Wenn Sie nichts Besseres zu tun haben und gerade bei einem Belvedere-Besuch vorübergehen, so kommen Sie herauf, Sie sind immer gerne gesehen."*
*Mit diesen Worten verabschiedete Liszt seinen Schüler.*

Nachmittags ¹/₂ 4 bei Meister

*Liszt schildert hier das Ergebnis einer ärztlichen Untersuchung in Paris (vgl. Göllerich II, 142).*

³/₄ 7 Abends Fahrt auf die Bahn zum Empfange der Frau Wagner.

*„Lassen Sie G. [548] neben mich sitzen, da er der Senior ist." „Nur keine Bemerkungen, wie: ,ich belästige vielleicht'."*

Um ¹/₄ 8 ʰ kam Frau Cosima [Wagner] (in tiefster Trauer) an. — Liszt küßte sie 2 Mal voll Rührung — ein erschütternder Moment. Sie fuhr mit Meister in die Hofgärtnerei.

---

[546] Prahács, S. 18. Vgl. hierzu die weiteren Bemerkungen v. M. Prahács.
[547] „Der Morgen des 18. Mai 1886, mit welchem die trauten Weimarer Stunden mit dem Meister für mich wieder beginnen sollten ..." (Göllerich II, 140).
[548] Dr. Gille.

Mittwoch, 19. Mai [1886]

Früh nicht angekommen, da Fr. Cosima noch hier.

Um 11 wieder dort.

Der Arzt Dr. Brehm Meister konsultiert. Meister einige Minuten gesprochen, mit Riedel [549] und Gille [550] (Wohlmuth) [551].

*„Ihren Stock werde ich nun gut brauchen können, zu etwaigen Excessen bis zum Theater. In Paris und London bin ich keine 500 Schritt zu Fuße gegangen."* Um 1/2 2 h fuhr Fr. Cosima von Meister begleitet wieder in der Richtung nach Eisenach ab [552].

Von 4 h—3/4 8 h beim Meister. (Um 4 h war der Großherzog dort).<br>Donnerstag, 20. Mai [1886]<br>Früh 6 h—7 h beim Meister.<br>Um 1/2 12 h wieder beim Meister.<br>Um 4 h wieder dort.

*„Gounod scheint früher einmal ein Requiem componiert zu haben, das hat er nun in ‚Mors et vita' hineingebracht; — er verlangte mir die ‚Graner Messe', (die ich mit guten 30 Mark bezahlte) und gab mir dafür sein Werk. Zum Zeichen, daß er die Messe ordentlich gelesen hat, zeigte er mir 2 Druckfehler darin, die mir entgangen waren."* (Vgl. hiezu Göllerich II, 145 und 173).
Freitag, 21. Mai 1/2 7 h — 1/2 10 h [1886] beim Meister. Noten geordnet, (mit G.) dann mit dem Meister in der Messe gewesen... Dann mit Meister gefrühstückt.

*„Frühstücken Sie mit mir, da werden Sie wahrscheinlich besseren Kaffee bekommen als beim Elephanten."* Nach Göllerich II, 145, hielt Liszt an diesem Tage wieder die erste offizielle *„Stunde"* in Weimar. Seine Erzählungen beendete Liszt mit Äußerungen über seinen ehemaligen Schüler Alexander Winterberger [553].

*„Winterberger will überall die erste Rolle spielen, und ist nicht dazu geeignet. Das ist so eine Sache, wenn die Leute ein falsches Ideal verfolgen — er will einer der allerersten Pianisten und ein großer Componist sein, und das trifft ‚nicht ganz zu'."* *„Sein Vater war Schauspieler hier zu Goethe's Zeiten, der sehr schön war. Er wurde sogar manchmal von diesem allerhöchst anzusprechen geruht."* *„Es schockierte ihn, daß, als er zu mir kam, Bülow hier war;"* *„er hatte sich hübsch auf der Orgel eingeübt, aber damit verdient man sich hier kein Glas Wasser, ich ging mit ihm etwa auf 8 Tage deswegen nach."* (Merseburg?) *„Er wurde von der Großherzogin sehr an mich empfoh-*

---

[549] Karl Riedel (1827—1888), Chordirigent, wurde 1868 Präsident des Allgemeinen Deutschen Musikvereins.

[550] Dr. Gille.

[551] Alois Wohlmuth. Hofschauspieler in Weimar, las und trug vor bei Liszt. Vgl. Ein Schauspielerleben von Alois Wohlmuth. München 1928. S. 136 f. Siehe auch S. 91.

[552] Vgl. Göllerich II, 143.

[553] Alexander Winterberger (1834 Weimar — 1914 Leipzig) studierte am Leipziger Konservatorium und bei Franz Liszt. 1861 ging er nach Wien und von 1869—1872 nach Petersburg als Konservatoriumsprofessor. Er ließ sich nach seiner Rückkehr dauernd in Leipzig nieder und komponierte Klavier- und Orgelwerke, Chöre, Lieder. Bei Schuberth & Co. gab er Liszts Technische Studien (12 Hefte) heraus.

*len als ,Genie'. Dann [?] trat er (nach dem er in Berlin sehr gefallen hat) in Paris als ,Papa' (— auch hübsch) auf und heiratete dann eine hübsche Person. Ich ging mit dieser einmal durch den Park bis zum Erbprinzen spazieren. Sie sagte: gibt es denn in Weimar auch ,Gesellschaft'? Ich antwortete: — o ja, neulich war Ihr Hof (Russland) hier!"* — *„Von Leipzig (wo er keine Stunden geben wollte, — nur componieren zu können —) schrieb er oft an den hiesigen Hof um Unterstützung. Mit seiner Oper fiel er überall durch — natürlich, (in Italien) umsomehr, da damals deutsche Componisten nicht beliebt waren — ah — ,tedesco' — Seit ,Sedan' hat sich das etwas stark geändert — heute sind Deutsche beliebt. Persönlich hatte ich ihn ganz gern — denn er ist ein guter Kerl; wenn er was hat, so gibt er Anderen gerne davon. Er fing mit 5 Sonaten an. Eine, die er mir einmal sandte sah ich genau durch und machte viele Bemerkungen zu einzelnen Stellen darauf, wie: ,schwulstig, überflüssig' etc. das ärgerte ihn sehr. Da ich ihm Luftveränderung anempfahl, so schickte ihn der Großherzog nach Berlin."* ...

*Als Anton Bruckner anläßlich der Uraufführung seiner 7. Symphonie in Leipzig weilte, die dort am 30. Dezember 1884 unter Arthur Nikisch stattfand, improvisierte er auch auf der Gewandhausorgel. In einem Brief Bruckners vom 15. Jänner 1885 an den Musiker Alfred Stross in Wien findet sich folgende auf Winterberger bezügliche interessante Passage: „Wenn Sie H. Prof. Winterberger schreiben, so wollen Sie ihn ersuchen um das Thema in H-moll, das er mir im Gewandhause aufgab." (In Faksimile bei Abendroth, S. 91).*

Fortsetzung des grauen Buches [Sign.: IV/6]
Weimar [18]86. [in Notizbuch Sign.: IV/2, pag. 8]
Freitag 21. Mai [18]86. I. Stunde.

1. F. Listz: II. Mephistowalzer [554]
Druckfehler. 2. Thema sehr langsam. [sehr langsam = stenographiert]. Zum Schlusse nur Personenzug, nicht Schnellzug. [Die ersten drei Worte stenographiert].

2. A. Henselt: Danklied nach Sturm
*„Zur Einleitung das Thema voraus spielen ohne der säuselnden linken Hand. Das Stück verträgt Bombast. Es ist ein blumenthaliger Klaviersatz* [555]. *Linke Hand (Gesäusel) ganz ppp."*

3. F. Liszt: Abendharmonien [556]
Anfang — das ist auch eine Idee: Etwas langsamer zum Anfange. G-dur-Stelle Baß etwas deutlich. Das Gesangsrecitativ sehr markiert, die Begleitung kurz gerissen; wo Harfenbegleitung, das Ganze *„leidend"*, nicht leidenschaft-

---

[554] R 182.
[555] Nach Jacob Blumenthal.
[556] Etudes d'exécution... 11. Harmonies du soir (Des-dur). R 2b. Die folgenden Bemerkungen könnten von Liszt stammen.

lich. Sehr frei, das fis mit der linken Hand [einige Worte unleserlich] heraus-
zuheben, die E-dur-Stelle schnell. Bei der calmato-Stelle rechts die Mittel-
stimmen der Akkorde mit den halben Noten hervorheben als Gesang. Die
As-dur-fff-Stelle gegen den Schluß so spielen, daß die Achtel nicht einzeln
gehört werden, sondern zusammenziehen, so daß nur der Akkord vibriert.
4. Tarantelle

4. Finger auf den Oktaven nach Möglichkeit. Vor dem 3. Thema die 8tel ganz
im Takt. Könnte vom Herzog in Coburg sein.
5. Eugen A. Woycke: Sonaten. I.

Nach der Stunde Whistpartie
Samstag, 22. Mai [1886] Kirche
I. Lesung von Mors et vita [557].
II. Whistpartie mit Frl. Senkrah.
Sonntag 23. [Mai 1886]
8—10. Dann beim Pfarrer. Kleiner Spaziergang mit Meister.
Nachmittag: Mors et vita. 2. Lesung. Dann Whist.
Montag 24. Mai [1886] früh. Kirche.

[Montag, 24. Mai 1886]

1. F. Liszt: Apparitions [558]
Insomnie.
Anfang des Takts schnell. Bewegung.
2. F. Liszt: Obermann [559]

Anfang vom Basse sehr stark und sehr accentuirt. Schluß der ersten Seite
ungemein breit. *„Wenn Sie es einmal den Leuten auftischen, so machen Sie es
möglichst kurz; Sie können es schließen vor C-dur. Wenn Sie einmal gänzlich
durchfallen wollen, so spielen Sie dieses Stück."*
3. F. Liszt: A-dur-Konzert [560]
[Die Bemerkungen sind unleserlich].

[557] Oratorium von Charles Gounod (1885).
[558] R 11.
[559] Années de Pèlerinage. Première Année. 4. R 8.
[560] Zweites Konzert. R 456.

Dienstag. [25. Mai 1886] Mittag Diner
26. [Mai 1886] ½ 7—½ 11
26. [Mai 1886] (Schlecht)
1. G. Meyerbeer—Liszt: Profet(Marsch)-Fantasie [561]
2. Thema zu Anfang nicht zu schnell und schön rechts vorgetragen. Kaiserlied sehr schnell. Fanfaren sehr scharf. Das 2. Marsch-Gesangsthema zum ersten Male etwas kürzer; sehr weich und die ersten Viertel gebunden. Seite 8 anfangen und von Seite 15 zur Seite 22 springen.
2. F. Chopin: C-moll-Polonaise Nr. 4.

Vor dem 2. Theile die 4 „As" herausklingen lassen und *„sehr leidend"*. Erstes Bass-Motiv der Oktaven sehr binden. Nach dem ersten Theil längere Pause. *„Nicht gar zu geheimnisvoll."*
3. F. Liszt: Ricordanza [562]
Beim 2. As-dur rubata. Thema: *„und es gibt keine Tonart"*.

1. Thema nach den einzelnen Theilen absetzen (!) Die Quarten rechts sehr schnell und sehr gestoßen. Die Trillerstelle und den Triller wie mit der Sekunde (2 Töne zusammen, etwas falsch —) anschlagen, immer schneller.
4. F. Schubert: Allmacht [563]. Gestirne [564]
schnell und stark anfangen.
5. F. Liszt: O lieb — [565]
[ *„Jetzt verbrauchte Phrase, damals nicht."* ]
Tannhäuser, Meyerbeer.
6. F. Chopin: Grand Polonaise Es-dur op. 22 und Jules v. Zarembsky: Polonaise — Fantasie.

*„Chopin oft unvergleichlich, Zarembsky verwandt — es ist etwas echt Polnisches in seinen Sachen."* — Whist.


27. [Mai] früh, mittag
(etwas besser).
28. [Mai 1886] ¼ 7—10 ʰ (Besser)
[Stunde?]
1. J. Raff: Valse op. 54 (!) I.
(sehr bös geworden).
2. R. Schumann: Fantasie C-dur op. 17 I. Satz

*„Die am Schlusse des I. Satzes 4 mal sich wiederholende Periode ist wunderschön."*

[561] Illustrations du Prophète. R 223.
[562] Etudes d'exécution . . . 9. R 26.
[563] Die Allmacht. „Groß ist Jehova der Herr". Bearb. v. F. Liszt. R 652.
[564] F. Schuberts Geistliche Lieder. 3 Gestirne. Übertragen v. F. Liszt. R 247.
[565] F. Liszt: Liebesträume, 3 Notturnos. 3. „O lieb solang du lieben kannst." R 211.

3. Jules v. Zarembsky: Große Polonaise (Ohe)
4. [A. Stradal?]: Neue ungarische Rhapsodie (A. Stradal)
  [„]*Anfang sehr stark links, mehr Paprika — ganz nach Brahms componiert. —* [“]
5. G. Sgambati: Etude ⎫
  A. Rubinstein: Polonaise ⎬ (Frl. Herzer)
b) F. Liszt: II. Mephisto-Walzer [566] (Ohe)
*„Ich halte es für meine Pflicht, nichts abzuschlagen.“*

### 29. Mai [18]86

Früh — ½ 11 h Liszt — Aufsatz von Pohl [567] gelesen.

### 29. [Mai 1886] Stunde (Schluß)

1. F. Liszt: „Weinen, Sorgen, Zagen —“ [568] (Frl. Herzer)
  *„Das ganze hat einen sehr düsteren Hintergrund. Ein Stück ganz zum Durchfallen.“*
2. Jules v. Zarembski: Etude (Lüders)
  dann 66 [Kartenspiel] mit Fr. Menter, dann Whist — 7 h.

### 30. [Mai 1886] Nachmittags 4 h

Quintett von [Anton] Urspruch (Bowle) dann ich: F. Liszt: Weinen, sorgen, zagen. *„Man kanns nicht schöner spielen.“* Meister schickte uns Karten spielen und spielte: „Etude von [Josef Christ.] Kessler“, II. Liebestraum (absteigende Folge auch zum Schlusse!) und Glanes (II). [569]

---

566 R 182.
567 Richard Pohl: Ges. Aufsätze in 3 Bänden. Fr. Liszt. 1883.
568 F. Liszt: „Weinen, Klagen, Sorgen, Zagen“, Präludium (nach J. S. Bach). R 23.
569 Glanes de Woronince. 2. Mélodies polonaises. R 101.

## 31. [Mai 1886]

Josef Christ. Kessler: Etuden (24)

*[„]Chopin und ich liebten sie sehr in den 30er Jahren. Sie sind sehr empfeh-*
*lenswert. Das polnische Thema wird Chopin zugeschrieben — ich glaube aber, es*
*ist nicht von ihm.[“]*
„*Füße heute weniger geschwollen. (Es ist wie beim Zahnarzt).“* 570

*In den Tagebuchaufzeichnungen Göllerichs — 17. Mai bis 21. Mai und 21.*
*Mai bis 31. Mai 1886 — wurden auch amüsante und ironisierende Bemerkungen*
*Liszts, die er liebte, festgehalten. Göllerich hat diese Notizen in seine „Erinne-*
*rungen“ (vgl. Göllerich II, 141—148) einfließen lassen.*

---

570 Die Bemerkungen „Schlecht" (26. Mai), „etwas besser" (27. Mai), „Besser" (28. Mai), „Füße heute weniger geschwollen" (31. Mai) beziehen sich auf den Gesundheitszustand Liszts.

WEIMAR

15. Juni 1886 — 26. Juni 1886

## 15. Juni [18]86.

1. F. Chopin: Lieder [571]                                    (Lüders)

III. [Das Ringlein] Anfang etwas lustig. Das Hauptthema, das 4mal kommt, jedesmal etwas anders phrasiren. Nr. IV [Bacchanal] im Walzertempo

2. F. Chopin: Barcarolle op. 60                              (Burmester)

Nicht „*blodernd*". Vom Anfang zum Thema hin etwas das Vorspiel diminuiren. 3. Zeile, 2. Takt der 2. Seite, auch den Bass stark. (Scholtz-Ausgabe hat viel von Klindworth profitirt). [„]*Ich empfehle Allen, die graduirten diminuendo's und crescendo's. Nicht gleich schwach oder stark.*["]

Das poco più mosso nicht übertreiben. „*Man muß sich Alles auf der Welt einteilen.*" sfogato: heißt ausgelassen. Die betreffende Stelle also nicht blos dolce spielen. Die sempre forte Stelle auf der vorletzten Seite gleichmäßig stark. Auf der 3. Seite, poco più mosso ruhig, wie auf einem See.

3. F. Liszt: Tells Kapelle [572]                             (Göllerich?)

Ganz langsam im Anfang. Das 16tel und das Viertel des nächsten Taktes immer ganz schmetternd rasch hintereinander. Viel tremoliren. Bei der frommen Stelle die Triolen ziemlich stark. [„]*Ich hab's nie so gespielt, Sie spielen, als ob Sie's komponirt hätten.*["] Heimweh (nach Tells Kapelle spielen). Die 2 Anfangsthemen mit viel Pedal — [n. Wort unleserlich]. Nicht zu langsam, sonst wird's zu bombastisch. Im 3. Thema die Begleitung ganz kurz, wie bei allen solchen Stellen, damit das Thema klingt.

Auf Wunsch des Meisters Genfer Glocken [573]. Das Thema ganz einfach läuten. [„]*Spielen Sie nur immer unvorbereitet.*["]
[„]*In den ersten Années sind Stücke, die mir noch heute gefallen. Es kommen aber viele Wiederholungen vor, die ich heute nicht mehr schreibe.*["]

16. Juni [1886].
Heute keine Kirche.
16. [Juni 1886], Mittag.

ich: 2 Etude-Impromptu's von Borodowsky [574] gespielt. Dann Nachmittag mit Friedheim 4händig das Orgel-Concert von J. Zellner [575]. Hierauf [W. H.] Dayas seine Sonate.

---

[571] 6 Chants polonais op. 74. Bearb. v. F. Liszt. R 145.
[572] Années de Pèlerinage. Première Année. 1. Chapelle de Guillaume Tell. R 10a.
[573] Années... Première Année. 9. Les cloches de Genève. R 10a.
[574] Vgl. hierzu Göllerich II, 180.
[575] Julius Zellner (1832—1900) Komponist und Musiklehrer in Wien. Vgl. Göllerich II, 180.

14. [Juni 1886] [Nachtrag]:
Nachmittag bei Stahr's (Schülerinnen).
Ich mit Meister hingefahren, Besuch mit Ihm bei Milde [576] gemacht.
Nach der Produktion mit Meister, Gille [577] zur Bahn gebracht
und dann nach Hause mit Meister gefahren.

18. Juni. [1886]. Ich nicht in der Kirche mit.
Stunde, Freitag, 18. Juni, [1886].

1. C. M. v. Weber—Liszt: E-dur-Polonaise [578]                    (Schnobel)
Anfangsthemen stark. Das Thema das erste Mal pp. Einen *„Federbusch"*
von Triller machen auf der 1. Note des Thema's. II. Teil, die vielen e nicht
stoßen, sondern dumpf. Nicht zu schnelles Tempo. *„Das man solche Leute nicht
polizeilich überwacht.*["]
   *„Spielen Sie recht lange diese Oktaven fort, dabei ruhen Sie sich aus, das ist
auch eine Kunst."*
2. X. Scharwenka: Concert [579]
3. G. Meyerbeer—Liszt: Robert Fantasie [580]                     (Burmester)
4. F. Liszt: 3 Liebesträume für Cello [581]                     (Grützmacher)
Nr. 2. Im Thema einen g-Vorhalt.
Nr. 3. Als Einleitung die Kadenz nehmen.

19. Juni. [1886]
Keine Kirche.
*Die in diesem Notizbuch hier anschließenden Aufzeichnungen hat Göllerich
teilweise bei Abfassung seiner „Erinnerungen" herangezogen. Vgl. Göllerich II,
insbesondere 128 f. und 158.*

---

[576] Ehepaar Franz und Rosa von Milde.
[577] Dr. Gille.
[578] Polonaise E-dur op. 72, instr. v. F. Liszt.
[579] Scharwenka schrieb 4 Klavierkonzerte.
[580] Réminiscences de „Robert le Diable" v. F. Liszt. R 222. Im Tagebuch folgen
   Notizen zur Drucklegung dieses Werkes. Vgl. Göllerich II, 109.
[581] 3 Notturnos R 211. Erschienen als „Drei Lieder für eine Tenor- oder Sopran-
   stimme" R 587.

## 21. [Juni 1886]

Mit Frau Baronin [582] „Hamlet" [583] vor Meister gespielt. (Gestern 3 Stücke von Nicodé bei Frau Baronin, neulich „Carneval-Scene" von [Arthur] Bird). In „Hamlet", erster Ton des Themas fest und lange halten. Das Achtel und die darauffolgende ganze Note nicht zu schnell aufeinander spielen. Die Bässe sehr pp und staccato. Die Stelle E so, daß die 16tel nicht als Vorschlag klingen, sondern ordentlich breit im Takte. *„Sie spielen's im Orchester auch so, aber es ist falsch.*["] *„Seufzend",* (wohin soll ich mich wenden!)

Die Ophelia-Stelle nicht zu langsam und nicht zu sehr auseinander ziehen, sondern als liebliches Thema.

## 21. Stunde. [Juni 1886].

1. G. F. Händel: Almira [584]                                                  (Göllerich)

Im Thema das erste Halbe etwas länger (wie mit einem Punkte). Die zweite ganz kurz. 1. Variation gar nicht schnell, 2. mit dem Triller so schnell als möglich. Der Triller am Schlusse der 1. Seite *„mit einem Zopf."* Die Chaconne sehr schwer, nicht zu schnell.

2. P. I. Tschaikowskij: Concert [585]                                          (Siloti)

3. F. Liszt: Loreley [586]

Anfang gar nicht traurig, sondern *„ich weiß nicht was",* zweifelhaft. Vor dem Sturm das d, cis, sehr hervorheben. Die Stelle: [„]*und das hat mit ihrem Singen die Loreley gethan, ganz einfach, nicht, wie wenn die Loreley eine Hexe gewesen wäre. Ich hatte deswegen einmal Streit mit einer großen Sängerin. Es ist ja weiter nichts dabei, warum war der Kerl so dumm.*["]

4. F. Liszt: Spanische Rhapsodie [587]                                          (Dayas)

1. Thema ganz langsam, überhaupt im Menuett-Tempo. — Die *„Terzengaukelei"* nicht zu schnell, sondern distinguirt und mäßig.

5. B. Stavenhagen: Concert [588]

---

[582] Olga von Meyendorff.

[583] F. Liszt: Hamlet. R 323.

[584] Sarabande und Chaconne aus dem Singspiel „Almira". F. Liszt schrieb über die Themen Variationen. R 25.

[585] Tschaikowskij schrieb 3 Klavierkonzerte.

[586] Buch der Lieder für Piano allein. 1. Loreley. R 209. Siehe R 591a.

[587] F. Liszt: Rhapsodie espagnole. R 90.

[588] Stavenhagen schrieb 2 Klavierkonzerte. Im Tagebuch folgen hier abermals Notizen, die Göllerich in den „Erinnerungen" = G II eingearbeitet hat.

## 22. [Juni 1886].

Vegh-Walzer [589] gespielt. Mittags (allein vor dem Essen). Bässe immer heraus. Verwunderung das 2. Mal (Sexten).

## 23. [Juni 1886].

Mittags allein, Meister, Bulhakoff's Galop [590] vorgespielt. *„Nicht zu schnell"*.

## 23. [Juni 1886].

Um 2 [h] von Weimar mit Separatzug nach Dornburg [591] gefahren. Ankunft 4 [h]. Von 5—6 [h] beim Meister, dann wieder von 1/2 8—9 [h]. — Psalmen fertig gelesen (Ramann) [592].

## 24. [Juni 1886].

6 [h] früh beim Meister. Bis 1/2 12 [h]. Dann 2—1/2 6 [h]. Dann von 7—1/2 9 dort.
*Eintragung am 26. Juni 1886:*
Gestern, 25., [Juni] Ankunft in Jena 2 [h] 5 [min]. Speisen bei Gille. Nach Paulus [593] Wurstessen. 1/2 11 in Weimar zurück.

---

[589] Janós v. Végh: Konzertwalzer nach der vierhändigen Walzersuite. Bearb. von F. Liszt. R 263.

[590] Siehe Raabe I, 66.

[591] Liszt pflegte dort alljährlich den Geburtstag des Großherzogs mit dem Hofe zu feiern. Göllerich begleitete Liszt. Zu den Gesprächen, die Liszt mit Göllerich in Dornburg führte und die im folgenden in dem Tagebuch eingetragen sind, vgl. Göllerich II, 168 f.

[592] Lina Ramanns Schrift „Liszt als Psalmensänger".

[593] Aufführung des Oratoriums „Paulus" von F. Mendelssohn am Nachmittag des gleichen Tages. Vgl. Göllerich II, 173.

Mittags vor Baronin [594] ich „Der Mönch" [595] von Meyerbeer gespielt. *„Ganz rubinsteinisch spielen. Sehr rasch und wild. Er hält's kaum mehr aus. Die Oktaven-Stelle, wie wenn er die Welt tanzen sähe, sehr rasch und wild. Diese Stelle ist sehr schwer.["]*

1. F. Mendelssohn: Präludium und Fuge op. 35 [596]  (Fokke)

[„]*Bässe klingend* [bezieht sich nach der Notiz Göllerichs auf Präludium], *sehr frisch und alles breit, nie gewischt, wie wenn man der Katze wohin tritt und sie quickt: nicht zu sehr conservatorisch.*["]

[„]*Fuge nicht zu langsam und nicht zu leise, streng im Takt ,wie das Tik-Tak einer Pendel-Uhr'.*["] (Ebenso bei allen Fugen).

2. J. S. Bach: A-moll-Fuge  (Olsen)

[„]*E-moll-Fuge* [597] *habe ich sehr gern* (reizendes Zwischenspiel). *Immer die ganz unteren Oktaven mit Pedal nehmen. Seit vor 40 Jahren Clara* [Schumann] *das in Leipzig spielte, spielen sie alle Damen. Seite 6 der Triller mit langer Fermate, alles stark spielen.*["] [„]*Ich habe gar kein f und p angegeben, weil der große Bach nichts hinschrieb und man ja nicht etwas ihm hinzufügen dürfte; das wäre Versündigung. Fuge piano anfangen.*["]

[3.] R. Schumann: Noveletten (*„kleine Meisterstücke"*)

D-dur [?] *nicht schnell. Im 1. Thema mit Oktaven (oben) die 16tel spielen.*

[4.] F. Chopin: Fis-dur-Impromptu op. 36.

*Die Bewegung der Viertel ganz gleichmäßig und das Tempo nicht schnell. 2. Theil schnell — zu Roß! „Das kann ich mir selbst so gut spielen, wie Sie es spielen."*

[5.] F. Liszt: A-dur Rhapsodie Nr. 18.

*Lange Triller. „Ich habe lange Triller gerne."* [„]*I. Motiv: Schlechtes Wetter draußen und noch mehr im Innern. Allegretto etwas coquet, nicht schnell. Bei den Raketen darnach mit dem 2. Finger die Oktaven rechts herunterschlagen. Letzte Seite zuerst h, ais, statt dis, eis. —* ["]

Zum Schluß der Stunde [letzte Stunde] [598] spielte ich:

[6] „Les adieux" [599]  (Gounod)

[594] Olga von Meyendorff.

[595] Le moine (Der Mönch). Übertragen v. F. Liszt. R 225.

[596] Aus „6 Präludien und Fugen op. 35".

[597] J. S. Bach: Sechs Präludien und Fugen für die Orgel (Nr. 1 u. 5). Für Klavier übertragen v. F. Liszt. R 119.

[598] Das Programm der letzten Stunde ist in Göllerich I, 88 abgedruckt.

[599] Gounod, Charles Fr.: Les Adieux. Rêverie sur un motif de l'opera Roméo et Juliette, von Franz Liszt. R 169.

*Daran schließt folgende Notiz (wahrscheinlich Ausspruch Liszts):*

*„Daniela [v. Bülow] war schwer zu verheiraten. Sie hat von Mutter und Vater Vieles, und diese Mischung ist nicht immer sehr bequem."* [600]

*Über die letzten Lebenstage Franz Liszts berichten Raabe (I, 226) und Göllerich (II, 186 ff.), der, nachdem Liszt seine Rückkehr nach Bayreuth für den 21. Juli angekündigt hatte, nicht mehr von der Seite des Meisters wich. Mit ihm waren die letzten Schüler Liszts* [601]. *Am 31. Juli 1886 halb 12 Uhr nachts, verschied Liszt in Bayreuth. Die Leichenfeierlichkeiten fanden am 3. August statt. Anton Bruckner spielte Orgel; er fantasierte über Themen aus „Parsifal"* [602].

*Wenige Monate nach dem Tode ihres Vaters richtete Cosima Wagner das folgende inhaltsreiche und bedeutsame Schreiben an August Göllerich:* [603]

„Es ist mir eine Freude gewesen, lieber Herr Göllerich, Ihnen das Andenken zu überreichen und wenn mir Anderes gelassen worden wäre, so seien Sie versichert, daß ich Ihnen die Sie mit mir die feierliche Stunde der Befreiung bewahrten, sei es ein Buch, sei es ein Notenheft oder sonstiges Intimes zugedacht hätte. Mit Rührung habe ich erfahren, wie das Andenken meines Vaters von Ihnen hoch und lebendig erhalten wird: namentlich freut es mich, daß Sie den Katalog seiner Werke begonnen haben. Dies ist sehr verdienstlich und sehr wichtig. Daß Sie den Wahlspruch Ihres Siegels wirklich üben, wird sich Ihnen lohnen und das innere Zusammensein wird Sie für das Missen der teuren Gegenwart entschädigen, wenn auch auf eine sehr ernste Art. —

Von mir aber nehmen Sie die Versicherung eines steten und gerührten Gedenkens und einer freundschaftlichen Gesinnung.

Bayreuth d. 21te Nov. 86                                        C[osima]. Wagner"

---

[600] Liszt begab sich am 1. Juli nach Bayreuth. Die Vermählung mit Henry Thode fand dort am 3. Juli statt.

[601] Nach Peter Raabe I, 226, August Göllerich, Bernhard Stavenhagen und August Stradal.

[602] Vgl. Göllerich II, 190 f.

[603] Privatbesitz Prof. Hugo Rabitsch, Linz. Es wurde erstmals veröffentlicht in: Wilhelm Jerger, August Göllerichs Wirken für Franz Liszt in Linz. Burgenländische Heimatblätter, 23. Jg., Heft 4, S. 235. Eisenstadt 1961.

# Register